HOFF
GERDDI COFFA
CYMRU

Golygyddion:
Bethan Mair ac Elinor Wyn Reynolds

Gomer

Cyhoeddwyd yn 2014 gan
Wasg Gomer, Llandysul, Ceredigion SA44 4JL
www.gomer.co.uk

ISBN 978 1 84851 709 7

Cyhoeddir gyda chymorth ariannol
Cyngor Llyfrau Cymru.

Argraffwyd a rhwymwyd yng Nghymru gan
Wasg Gomer, Llandysul, Ceredigion.

Rhagair

Croeso i'r seithfed yng nghyfres yr Hoff Gerddi. Y tro hwn bu dwy ohonom ni'n ymorol â'r dasg o ddewis a dethol y cerddi ar gyfer y gyfrol, a phrofiad cymysg llawn pleser, hiraeth a galar fu hynny. Dyma ni'n dwy yma i ragymadroddi rhyw fymryn ar gynnwys y gyfrol hon.

Dyna ffodus yr ydym fel Cymry o gael y fath gyfoeth o farddoniaeth y gallwn droi ato i lunio blodeugerddi mor boblogaidd a boddhaus â'r rhain, yntê? Y tro hwn, nid chwerthin braf y cerddi digri nac angerdd y cerddi serch, na ffresrwydd y cerddi natur na naws dymhorol y cerddi Nadolig sydd yma. Nid y ffefrynnau naturiol sydd yn y casgliad, efallai, er bod yma sawl ffefryn oes yn eu plith. Na, cerddi a ysgrifennwyd mewn galar a cholled, cerddi sy'n dwyn i gof rai na welir mohonynt eto, dyna a gawn rhwng cloriau hardd y gyfrol hon.

Y mae cerddi coffa yn eu hanfod yn fath tra arbennig o farddoniaeth ac, i'r diben hwnnw, fe benderfynom ni agor y diffiniad ryw gymaint er mwyn cynnwys cerddi na fyddent yn cael eu hystyried yn gerddi coffa ar yr olwg gynta. Ac yma, felly, cewch fwynhau blodeugerdd ingol a synhwyrus o goffadwriaeth sy'n cwmpasu rhychwant amrywiol o emosiynau.

Mae llawer o'r cerddi hyn yn goffadwriaeth bersonol i gymeriad neu unigolyn penodol, ac eto, onid oes rhywbeth sy'n gyffredinol wir am y profiad o alaru am bob anwylyn arbennig? Nid yw galar yn effeithio ar bawb yr un fath, wrth gwrs; fel ym mhob agwedd ar fywyd, gall rhai ymdopi'n well nag eraill wrth wynebu archoll colli. Efallai mai annisgwyl yw ein gweld yn dyfynnu'r Frenhines, ond hi a grisialodd emosiwn y gyfrol hon mewn byr eiriau pan ddywedodd, ar achlysur marw'r Dywysoges Diana, mai galar yw'r pris a dalwn am gariad. Heb gariad, nid oes galar; heb adnabod, ni ellir cofio. Cyfrol sy'n cofio yw hon, felly, ond cyfrol sy'n gyforiog o gariad hefyd, a hynny heb ymddiheuro na chywilyddio am y teimladau grymus hynny.

Bu coffáu'n bwysig ers y dechrau yn hanes barddoniaeth. Cerddi am arwyr marw yw'r gweithiau enigmatig, llawn awyrgylch a drosglwyddwyd drwy ryw wyrth i ni o Hen Ogledd y chweched ganrif. Epig o gerdd goffa yw'r Gododdin ar ei hyd, ac mae cerdd Taliesin i Owain ab Urien, a gynhwysir yma, yr un mor rymus heddiw ag yr oedd fileniwm a hanner yn ôl, pan gyfansoddwyd hi gyntaf. Ceir yma ffurfioldeb urddasol rhai o gerddi marwnad Beirdd y Tywysogion: a oes barddoniaeth mwy ingol o dywyll a diobaith na dolef Gruffudd ab yr Ynad Coch ar farw Llywelyn, ein Llyw Olaf? Ac mae yma binaclau crefft barddol yn gwrthdaro ag angerdd: colled Lewys Glyn Cothi yn y cywydd hynod bersonol i'w fab bach pum mlwydd oed, Siôn y Glyn. Yn yr ugeinfed ganrif, canrif fwyaf barddoniaeth Gymraeg onid e, roedd y dewis yn syfrdanol, o gampwaith cyfeiriadol Saunders Lewis i goffáu Syr John Edward Lloyd i gerdd dwyllodrus o syml Waldo Williams, 'Geneth Ifanc', sy'n llwyddo i goffáu dwy yn un.

Fe allem ni fod wedi cynnwys cerddi gan dri bardd yn unig, a chael cyfrol gyfoethog odiaeth. Dim ond pori yng ngweithiau Gwyn Thomas, Gerallt Lloyd Owen a Dic Jones sydd raid er mwyn gweld cynifer o ffyrdd o goffáu sydd gan y tri bardd hwn. Ymgollodd y ddwy ohonom gymaint ag y mentrem yn eu cerddi, heb i'r flodeugerdd droi'n driawd, yn hytrach na chôr, o leisiau. Ond mae llawer mwy o ddarnau gwir deilwng o waith y tri hyn y bu'n rhaid i ni eu hepgor. Byddai'r ddwy ohonom yn eich annog i chwilio ymhlith eu cyfrolau er mwyn gweld cymaint rhagor sydd i'w ddatgelu.

Fe allai'r holl sôn hyn am farw a cholled fynd yn feichus o ddiflas a *depressing*, ond ein gobaith ni wrth lunio'r flodeugerdd oedd creu cyfrol ddyrchafol, cyfrol i godi gwên ambell waith, hyd yn oed, cyfrol i wneud i'ch mynwes lenwi â chynhesrwydd. Sentimental? Efallai wir, ond mae sentimentaleiddrwydd yn deimlad hollol ddilys hefyd, yn tydi? A chan mai sentiment yn aml sy'n gyrru ein hangen i gofio am rywrai neu bethau sydd wedi mynd o'n byd meidrol, gwerth sentimental – ond gwerth amhrisiadwy – sydd i'r cant o gerddi rhwng y cloriau hyn.

Bethan Mair ac Elinor Wyn Reynolds
Mawrth 2014

Diolchiadau

Mae ein diolch yn fawr i sawl un am ei gymorth a'i ysbrydoliaeth wrth i ni lunio'r gyfrol hon. Ni allem ddechrau yn unman heblaw gyda Tudur Hallam, bardd cadeiriol Eisteddfod Genedlaethol Glynebwy, 2010, a'i awdl i foli a choffáu'r anfarwol, unigryw Athro Hywel Teifi Edwards, sef 'Ennill Tir'. Yr awdl honno yw carreg sylfaen *Hoff Gerddi Coffa Cymru*, ac oddi yno y tyfodd yr egin yn flodeugerdd.

Hoffem ddiolch i'r caredigion a anfonodd awgrymiadau atom am gerddi yr hoffent eu gweld yn dod yn rhan o'r detholiad. Cawsom bleser digymysg yn darllen rhai o'r cerddi angof a gyfansoddwyd i aelodau teulu hwn a hwn; ni allwn beidio ag enwi Mrs Morfydd Hughes, a anfonodd atom restr fanwl, amheuthun o addas, yn cynnwys ei detholiad hithau o rai o gerddi coffa gorau'r Gymraeg yn y cyfnod diweddar.

Rhaid crybwyll hefyd ffrindiau yn y cyfryngau, yn enwedig *Prynhawn Da*, a roddodd hwb enfawr ymlaen i'r casglu.

Diolch i staff gwych Gwasg Gomer am eu gofal am y diwyg a'r holl bethau hynny sy'n gwneud llyfr, nad yw'r darllenydd yn ymwybodol ohonynt o gwbl.

I'r Cyngor Llyfrau, y mae diolchgarwch mawr yn ddyledus, fel arfer. Nid yw'n ddim llai am ei fod yn arferol.

Ac i chi, y porwr mewn blodeugerddi, am brynu, darllen a mwynhau'r casgliad hwn – diolch o galon. Ni fuasai diben yn y byd i ni lafurio oni bai ein bod ni'n gwneud hynny er mwyn i eraill gael blas ar ffrwyth ein llafur.

Cyflwynedig i ...

Gallai Bethan fod wedi cyflwyno'r gyfrol hon i goffadwriaeth sawl un sy'n agos iddi: i'w thad, a fu farw bum mlynedd yn ôl, ac a garai farddoniaeth; i'w rhyfeddol nain, a fu farw flwyddyn yn ôl ar drothwy'i phen blwydd yn 102; holl gwmwl tystion y teulu, Cymry i gyd, o bob cwr o'r wlad. Ond hoffai gyflwyno'r gyfrol i goffadwriaeth llenor eithriadol oedd hefyd yn wyddonydd, yn fam ac yn ffrind annwyl iawn. Bu farw Sian Owen, Marian-glas, yn llawer rhy ifanc, ond roedd hi eisoes wedi gwasgu mwy i mewn i lai na hanner canrif nag y bydd llawer yn ei wneud o gael degawdau'n fwy i fyw. Hi oedd y person mwyaf deallus a chraff a mwyn ac annwyl iddi ei hadnabod erioed, ac er cof amdani hi y mae'r gyfrol hon.

O ran Elinor, fe hoffai hithau gyflwyno cyfrol mor friw o deimladwy, mor hyfryd ac amlhaenog â hon i'w mam, a fu farw bedair blynedd yn ôl. Bu'n fyd crwn cyfan, llawn i'w thri phlentyn wrth iddynt brifio a mynnai ar ddiwedd ei hamser mai 'llithro i'r llonyddwch mawr yn ôl' y byddai ac eto, ac eto, sy'n dal i fod yn fyw bob un dydd gwyn ym mhob un o'i phlant a'i hwyrion. Wyneb ei mam a wêl Elinor yn y drych bob bore.

Cynnwys

Teitl y Gerdd	Bardd	Tud.
Er cof am Cassie Davies	DIC JONES	1
Cofio Waldo	EUROS BOWEN	2
I gofio Tomos Owen	ALED GWYN	3
Galargan Plwyf	WYN OWENS	4
Ennill Tir	TUDUR HALLAM	6
'Fel Blodyn y Daw Allan'	WILLIAM RICHARDS	14
Beddargraff y Masiwn	EIRIG	16
I gofio Huw a Nan	W. D. WILLIAMS	17
Er cof am y diweddar W. T. Williams	W. R. EVANS	18
Er cof am Mrs Sarah Bowen	ASA	19
Er cof annwyl am Mrs Catherine Harries	W. J. GRUFFYDD (ELERYDD)	20
Marwnad Siôn y Glyn	LEWYS GLYN COTHI	22
Y Foneddiges Beti Eic Davies, Gwauncaegurwen	GERALLT JONES	24
Eic Davies	IDRIS REYNOLDS	25
Geneth Ifanc	WALDO WILLIAMS	26
Y Tangnefeddwyr	WALDO WILLIAMS	27
Gwladys Rhys	W. J. GRUFFYDD	28
Marwnad Syr John Edward Lloyd	SAUNDERS LEWIS	30
Hedd Wyn	R. WILLIAMS PARRY	33
Hillsborough	DAFYDD ROWLANDS	34
Bwlch	NESTA WYN JONES	35
Daw'r gwanwyn yn ôl	GWYN ERFYL	36
Marwnad Tom Jones, Llanuwchllyn	DEREC LLWYD MORGAN	38
'Dydi arwyr ddim yn marw	GWYN THOMAS	40
Daear a Nef	T. GWYNN JONES	42
Dic	GWYN THOMAS	43
Robert – nid marwnad yw hon –	MIHANGEL MORGAN	44
Englyn Cydymdeimlad	DIC JONES	46
Mam	GWION LYNCH	47
Cofeb	DIC JONES	48
Marw Bonheddwr	DIC JONES	49
I'r Pum Llanc	DIC JONES	50
Coffâd	DIC JONES	51

Teitl y Gerdd	Bardd	Tud.
Galarnad	DIC JONES	52
Marwnad	MEIRION MACINTYRE HUWS	54
Gail, fu farw	NESTA WYN JONES	56
Marw Cymydog	DIC JONES	58
Traethau	NESTA WYN JONES	59
Cled	GERALLT LLOYD OWEN	62
Iwan	KAREN OWEN	66
Rhoi fy nhroed ynddi	KAREN OWEN	67
Ysgrif Olaf	VERNON JONES	68
Wedi'r Angladd	VERNON JONES	69
Mam	OSIAN M. JONES	71
Ar Garreg Fedd	MEIRION EVANS	72
Glöwr a Chanwr	LYN EBENEZER	73
Colli Eirwyn	LYN EBENEZER	74
Nadolig heb Roy	ALAN LLWYD	75
Carol	IWAN LLWYD	76
Addfwyno Angau	ALAN LLWYD	77
Penillion Coffa i'r Diweddar Evan Williams	W. J. GRUFFYDD (ELERYDD)	78
Marwnad Owain ab Urien	TALIESIN	81
Mam	T. LLEW JONES	82
Marwnad Llywelyn ap Gruffudd	GRUFFUDD AB YR YNAD COCH	84
Cerdd yr Hen Chwarelwr	W. J. GRUFFYDD	88
Ar Ymweliad	ALUN LLYWELYN-WILLIAMS	89
Ei Feddargraff ef ei Hun	CEIRIOG	92
Marwnad fy Nghefnder, William Emrys Williams	GWYN THOMAS	93
Y Tro Olaf	GWYN THOMAS	96
Awdl Goffa am ei Ferch	ROBERT AP GWILYM DDU	97
O Gofadail!	KAREN OWEN	98
Pwdin Dolig	KAREN OWEN	99
Stafell Gynddylan	CANU HELEDD	100
Y Pren Daear	GWILYM R. JONES	101
Er Cof (Dr Kate Roberts 1891-1985)	BRYAN MARTIN DAVIES	102
Marw Saunders Lewis	ROBAT POWELL	103
Ffarwelio	IFOR AP GLYN	104
Er cof am Euryl Griffiths, Bryn-glas	EMYR LEWIS	106

Teitl y Gerdd	Bardd	Tud.
Marwnad Galar	EMYR LEWIS	107
Cerdd Goffa Ryan	VERNON JONES	108
Er cof	T. LLEW JONES	110
Marwnad fy Mam	DEREC LLWYD MORGAN	112
Bedd Hedd Wyn dan yr Eira	TUDUR DYLAN	114
Er cof am Anwen Tudu	CERI WYN JONES	115
Wrth Fedd fy Mrawd	DAFYDD JOHN PRITCHARD	116
1962	J. EIRIAN DAVIES	117
Beti	T. JAMES JONES	118
Unig Ferch y Bardd	GORONWY OWEN	119
Ryan	TYDFOR	120
Enwau Oddi Cartref	S. B. JONES	121
Ennis	EINION EVANS	122
I Dyl Mor	TWM MORYS	124
Wrth Fedd Robin	R. J. ROWLANDS	125
Cywydd Coffa	ALUN CILIE	126
Meinwen	MERERID HOPWOOD	128
Maen Hir	GWYNETH LEWIS	129
Deilen Werdd	CEN WILLIAMS	130
Cerdd Goffa Alun Cilie	DIC JONES	131
Tri Diddanwr	LLION JONES	134
Ray	MYRDDIN AP DAFYDD	135
Mewn Hen Fynwent	WIL IFAN	136
Marwnad y Pregethwr	CERI WYN JONES	137
Bedd Gelert	IWAN RHYS	138
Er cof	GWENALLT	139
Prosser Rhys	GWENALLT	140
Dau englyn er cof	T. ARFON WILLIAMS	141
Dylan Thomas	RHYDWEN WILLIAMS	142
Englynion Coffa Dewi Emrys	ISFOEL	143
Siôn Rhys	GRUFFUDD PARRY	144
Angladd	MENNA ELFYN	145

ER COF AM CASSIE DAVIES

Pan gilio poen y galar – a'r hiraeth
    Fel marworyn claear,
   Fe ddaw y cof at fedd câr
   I greu doe uwch gro daear.

Lleihau wnaeth y gannwyll wen – a breuhau
    Wnaeth braich y ganhwyllbren,
   Aeth y cwyr a'r babwyren
   Yn ara bach, bach i ben.

Llond galar o wladgarwch – yn cyfarch
    Llond cof o ddiddanwch,
   Llond capel o dawelwch
   O barch i lond arch o lwch.

COFIO WALDO

Lle bu'r hud yn nhir dy dadau'n
llathru llannerch a bryncyn
fe ddisgynnodd had yr Awen
yn y caeau yn Nyfed
ar osteg llygad un
a fynnai nabod y dyfnder
yn llygad un arall.

Y gwreiddyn a rannwyd
oedd yn rhwymyn
yn cydio cydymaith a chymdogaeth
yn nheiau'r dolydd
ac yn nhystiolaeth rhostiroedd,
a'r nodd,
roedd y nodd yn oleuni,
yn Oleuni o'r tu hwnt i oleuni,
yn cerdded canghennau'r nabod.

Tyfodd y pren yn freichiau urddas,
a'r dail yn eu tymor yn wyrdd ac yn fras,
y gwanwyn yn brigo'r awen
a'r hydre'n cynaeafu'r blas.

Yn aeddfedrwydd dy flynyddoedd
a chnawd y pren yn fud
gan ryfeddod hud y canghennau
daeth distawrwydd y gaea hyd y brig,
distawrwydd disgwyl,
y disgwyl a oedd yn ddyhead dwfn
yng ngwely'r tangnefedd yn Nyfed,
oherwydd roedd dy lygad erbyn hyn yn nabod,
nabod nes bod adnabod.

I GOFIO TOMOS OWEN

Dawnus yng nghampau dynion – gŵr cadarn
    o gricedwr union,
  a rhoddi wnaeth o'r ddawn hon
  a chreu drwy fyd chwaraeon.

GALARGAN PLWYF

Piau'r gair ar riniog Tyrch?
Beicwyr y wlad a'i llennyrch.
Rhydd eu sgwrs, teg eu cynnyrch.

Piau cragen Brynarthur?
Newydd-ddyfodiaid prysur
Sydd heddiw'n ailgodi'r mur.

Piau allwedd drws Pen-rhiw?
Saeson diddrwg-didda'u lliw
A'r tyddyn eu nef heddiw.

Piau'r clos ym Maes-yr-ŵyn?
Nid meistr na gwas na morwyn.
Torrwyd fferm yn dair heb gŵyn.

Piau'r ardd ym Mryncleddau?
Tri o blant yn gwneud eu ffau.
Saeson yn magu gwreiddiau.

Piau'r olwg o'r Henbarc?
Piau hau a medi'r parc?
Yng nghwys y plwyf, ble mae'u marc?

Piau bwthyn Nant-y-coi?
Un teulu ymysg confoi.
Dod â'u ffin ac wedyn ffoi.

Piau'r tân 'fu yng Ngheunant
Drannoeth cludo'r celfi i bant?
Y Meibion os oedd 'swiriant!

Piau'r Llethrau yn un rhes?
Os nad gwag yw eu hanes,
Bob yn fferm daeth Lloegr yn nes.

Piau heddiw'r Mwntan-bach?
Ysgwatwr fel gwybetach
'Ddaeth i'r adwy ddilinach.

Piau trawst yr Atsol-wen?
Y tymhorau a'r wybren.
Rhwd ar harn a phry'n y pren.

Piau llonyddwch Dan-garn?
Onid yw'r mur yn gadarn?
Aros mae wrth fynd yn sarn.

Piau olion Ietwilym?
Y defaid, mwswgl a grym
Y gaeafwyntoedd awchlym.

Piau'r aelwyd ym Mhen-llain?
Llef y gwynt a chrawc y brain.
Eiddo Cymry o'r dwyrain.

Piau'r fferm ym Mhlasdwbwl?
Criw Steiner. Daliadau dwl
Yn ôl rhai, dyna'r cwbwl!

Piau erwau Allt-y-gog?
Pâr annibynnol serchog.
Gwlad-yr-haf ar ein rhiniog.

ENNILL TIR

'Ddaw 'na neb? 'Fyn 'na neb 'nawr
galennig ddygwyl Ionawr?

Twt! 'Does na chrwt na chroten
â sill pennill yn eu pen.
Neb â'i fryd ar hybu'i fro.
Neb â iaith i obeithio.
Ni ddaw'n rhwydd inni'r flwyddyn.
Ni fyn neb ddod i fan hyn.

'S neb 'lan? Nac oes, neb 'leni.
'Fyn 'na neb ofyn i ni
euro'i law ar ŵyl a oedd
ddoe'n bennill, heddiw'n bunnoedd.
'Ddaw 'na neb. 'Fyn 'na neb 'nawr
galennig o law Ionawr.

Ai heb wyneb yw Ianws?
Onid yw'r wawr wrth y drws?
Ac eira fel y garreg
onid yw dwy fil a deg
yn gri ac ynddi hen goel
am fargen lem ofergoel?

Yn Aber-arth, do bu 'rio'd
galennig, fel gwylanod:
drwy'r plwyf fe raeadrai'r plant
yn firi o lifeiriant,
a'u chwerthin yn golchi'n gân
ddyddiau celyd, ddydd Calan.

Dylifent, drwy'r tai, nentydd
o fawl i'r fordaith a fydd,

a rhoi ym min pentre'r môr
foregan dros fyw ragor.
(Os hŷn na gras ein hen gri,
hŷn ein goddef na'n gweddi.)

Y cyntaf draw i'n cyntedd
yn glyd ei glod a gâi wledd.
A châi côr neu denor da
droi atom i ladrata!
Ond pob dyn, pob un a'i bill
a gâi geiniog, ac ennill.

Rhyfedd o fyd! Hyd yn hyn
fe lwyddwyd bob un flwyddyn.
Llanc y llynedd – lle heddiw?
Lle egni'i droed? Lle'i gân driw?
'Fyn 'na neb ofyn i ni?
Bwceidiem ei bocedi.

$$\star \quad \star \quad \star$$

Mae rhywrai'n stw'rian. Mi glywaf ganu,
ac o'r ardd farwaidd gerdd i yfory:
twrw adenydd yno'n trydanu
a gwawr y flwyddyn yn gorfoleddu.
Af i'r ardd at yr adar fry. – Canant
i ni ein haeddiant a'n hadnewyddu.

$$\star \quad \star \quad \star$$

Duw a ŵyr mai aderyn
purgan yw hoff degan dyn.
Ho! Gyffylog, fy hoff un!

A geni di'r fargen deg
eleni, fy nhelyneg?
Ni phoenwn pe bai'n Ffinneg!

Ergydiaist draw o'r goedwig,
ti'r araith berffaith o big,
a glanio yma'n g'lennig.

Wyt deml nos, wyt ymlaen 'nôl,
wyt ail daith, wyt le dethol,
wyt wib hast, wyt apostol.

   'Taw â'th sôn, tithau y sydd
   yn fawl dof: wyt fel Dafydd.
   Dynion a dynn adenydd!

   Wyf "wib hast" rhag brecwastwyr!
   Wyf saig ar eu gwefus sur!
   Wyf faes seithug! Wyf saethwyr!

   Nid yw'r awen fel drywod!
   Ni chanaf fi. Ni chawn fod
   yn un llef er mwyn defod.

   Pa raid wrth dy wep brydu?
   Heddiw a fydd. Ddoe a fu.
   Da feuryn, daw yfory.'

Ho! Gyffylog ffraeth a ffôl,
gwermod dy dafod deifiol.
Ond, was dewr, bydd dosturiol!

Bydd ddydd dedwydd! Nid ydwyf
yn henwr iach, henwr wyf
a hun fy ngwlad yn fy nghlwyf.

Llynedd yw yn Llanddewi.
Gan daeogion diogi,
ai gormod disgwyl codi?

Nhw wlad fy nhraddodiadau,
nhw'n segur y bur hoff bau,
yn Galan lond eu gwelyau!

'Ti'r arth swrth! Taw 'wir â'th sôn,
y gwely gwag o galon.
Pwy a gân wep o gŵynion?

Ni chanwn i na chân wych
na "thhh" neidr a thi'n edrych.
Wyt foesgarwch surbwch, sych.

Wyt dŷ'r rhoi, wyt ar wahân,
wyt siarad â'th bwtsh arian,
wyt big oer, ac wyt heb gân!

Ti a ffromi, ond ffarwél!
Daw'r mudwr i ymadel:
mynd o orfod, myn d'oerfel!'

★   ★   ★

Ac mae'n mynd! Mynd dros y môr
am ei damaid, am dymor!
Y big oedd heb egwyddor! – Yn cega,
gwnaeth dwrw yma gan nythu dramor!

Y diawliwr! Pam y dylwn
ar fy nhir ofyn i hwn
regi'r henwlad a gadwn? Gwaeth na Sais
rhochian ei falais a'i frychau'n filiwn!

Yn wepdwp o'i Ewropdir
a gâr hwn â'i big oer, hir
gawell y Gymru gywir? Boed i'r brith
nyth ddrwg o fendith ar ei gyfandir!

★   ★   ★

Yr wylan wen ar lôn ardd,
a gwae y sawl a'i gwahardd!
Palas o urddas y sydd
ym mloneg ei threm lonydd,
ac eto mae'r glanio'n glòs,
fel llygaid cyfaill agos.

Siwan yw neu Senana,
osgo o Dduw a gwisg dda,
a chyrch â'i llewyrch bob llys
yn darian glân, hyderus;
a gerbron gair y brenin
wele fellt un loyw o fin!

O! 'r wylan deg, ar lan dydd
o g'lennig, o lawenydd,
a fwri di, Fair y don,
wedyn reg wydn i'r eigion?
Neu a wnei di, i ni'n dau,
ddwyn 'nawr y flwyddyn orau?

  'Da ŵr o dŷ,
  cymrawd Cymru,
  da y gwn nad yw dy gais
  yn hurt nac yn anghwrtais,
  ac fel rheol mi folwn
  deyrn y tŷ y diwrnod hwn.

Ond ar awr dd'wedwst, o raid,
ni chanaf ond ochenaid.

Anaddas heddiw'r noddi.
Mae 'na un ohonom ni,
Aber-arth o dan garthen,
â naws y nos yn ei wên:
henwr o frawd, un o'r fro
na lwyddwn i'w eilyddio.

Dail ei funudau olaf – a syrthiant,
ac os swrth ein gaeaf
bydd eto hebddo ein haf –
gwae di'r awr! – gyda'r oeraf.'

Och! wylan, na chân, na chais
am funud ddim a fynnais,
ond cyn nos, dos at y dyn
a chan gyfarch hwn, gofyn –
lle'n awr ein penillion ni,
lluniau ddoe ein Llanddewi?

Ai byw'r iaith yn Aber-arth?
Ai heibio'r aeth Deheubarth?
Ai'n dlos o hyd y *Wales* hon?
Ai'n oes oesoedd y Saeson?
Och! wylan, na ddychwela,
a'th wib ar daith, heb air da.

'Da'r galw brwd o'r galon.
Ond hwyr, mor hwyr yw'r awr hon:
awr y gwylied, awr gwaeledd,
ac awr ei fyw ger ei fedd.
Gad iddo gyda'i weddi
lanw'i awr a'n gadael ni.

Erfynni di ond nid af
at wely'r test'ment olaf,
canys gwn na allwn i
heddiw mo'i argyhoeddi
fod yr iaith yn fud a'r iau
yn *filingual* fel angau.

Fe wêl o'i awydd wlad o gyfleoedd
a llym y gwarchod drwy'r llu ymgyrchoedd.
Yn fawr ei ryfel dros leiafrifoedd,
daw'n llew dewr i adennill ei diroedd.
Camodd fel cawr i'r cymoedd – a hawlio
i'r Gymraeg yno wir Gymry gannoedd.

Y nhw anghyfiaith, ni a'u hanghofiwn
ond ef a arddel dreftadau fyrddiwn;
y llaw agored, y llyw a garwn,
ac araith finiog yr iaith a fynnwn.
Un hawl ddi-ildio yw hwn: – amynedd
yn troi'n allwedd i'r tir a enillwn.

Tithau'r cilio, dan gawod d'ormodiaith,
ni weli di neb yn niwl d'anobaith,
ond dere, chwilia ac edrych eilwaith,
gwêl yr un hwn, datglöwr ein heniaith.
A ymuni di â'i daith – a dysgu
calonnau i ganu Calan ganwaith?

Gaer y glod, agor y glwyd
a chana'r gân na chanwyd.
Bydd waith dy iaith, bydd o'th dŷ,
bydd folwr, bydd ddyfalu.
O! dwg at dy gymdogion
lwydd ein hiaith y flwyddyn hon.

Bydd ddysgwyr, bydd eu hysgol,
bydd blant gwych yn edrych 'n ôl,
bydd ar gael, bydd awr o'u gwers,
bydd eu hwyl, bydd eu heilwers.
Bydd naid dros ein beddau ni,
bydd dwf a bydd o Deifi!'

'FEL BLODYN Y DAW ALLAN'

O Flodyn hardd, pa le yr wyt?
Mae tyrfa wedi'th golli,
Ai angau du a'th gipiodd di
A'th roi mewn mawn i gysgu?
Na, credaf i mai angel gwyn
Fu yma yn trawsblannu,
Ac erbyn hyn mi'th welaf di
Mewn arall fyd yn tyfu.

Os methaist ti gael hinsawdd
I dyfu ar y llawr,
A gorfod i ti wywo
Ym myd y cystudd mawr,
Mil gwell yw arnat heddiw
I fyw mewn arall fan
Yng nghwmni'n annwyl Iesu
Fu farw ar dy ran.

Ni ddaw byth storom heibio
I ddifa'r rhosyn hardd
Ond tyfu yn dragwyddol
Yn y baradwys ardd.
Mae yna'n haf wastadol
Heb ynddo gur na phoen,
Cei wledda yn oes oesoedd
Ar gariad Duw a'r Oen.

Mae gen i ddarlun prydferth
O'r palas wyt ti'n byw
Pan drof fi dudalennau
Hen Feibl mawr fy Nuw,

Fe ddywed am ei strydoedd,
Eu bod hwy i gyd yn aur,
Ac eistedd ar yr orsedd
Mae annwyl Faban Mair.

Mae'n ddarlun mor rhagorol
O brydferth ddinas Duw,
Nes peri chwant ymddatod
A mynd yno i fyw.
Rieni hoff, nac wylwch
Ar ôl eich annwyl un,
Caiff eto ddod i fyny
Ar ddelw Duw ei hun.

BEDDARGRAFF Y MASIWN

Aeth i'w gartref heb lefel – nid oes modd
    Gweld y sment mor isel;
    Y boi druan heb drywel,
    Ond ei gamp, y byd a'i gwêl.

I GOFIO HUW A NAN

Dau annwyl, hael â'u doniau – hi â'i llais,
   Ef â llên drysorau,
  Ac yn eu hael wenau,
  Groeso brwd – gras i barhau.

ER COF AM Y DIWEDDAR
W. T. WILLIAMS, BSC., BLAEN-FFOS

(Roedd W. T. Williams yn brifathro ysgol Blaen-ffos, Boncath;
bu farw'n sydyn iawn yn 1962)

Mynwesol gymwynaswr,
Un oedd yn wir fonheddwr;
Y bywiocaf, fwynaf ŵr.

Pallodd ei gorff diorffwys;
Byr ydoedd ei baradwys.
Ei wên gu sydd dan y gŵys.

Fe wibiodd, brysiodd mewn bro
I gynnal a wnâi gwyno.
Heno, ei grud sy'n y gro.

Aeth yn anterth ei chwerthin
A'i afiaith ar ei ddeufin,
Heb loes y gaeafu blin.

Cweryl erioed nis carai,
Ond tangnefedd a weddai;
Olaf un a welai fai.

Fe ddaw ei gyd-athrawon,
Tyrrant i drin materion.
Ei sedd sy'n wag, tewch â sôn!

I lawer cant o'i blantos
Swyn ei eiriau sy'n aros –
A'u ffydd yn Williams Blaen-ffos.

ER COF AM MRS SARAH BOWEN

Llon ei hysbryd, llawn asbri – hynod hell,
　A'r wlad yn ei hoffi.
　Nod hon oedd gwneud daioni –
　Ail i'm mam annwyl i mi.

(Asa George, Penrallt-cadwgan, Rhos-hill, Cilgerran:
　　mab yng nghyfraith i Mrs Bowen)

ER COF ANNWYL AM
MRS CATHERINE HARRIES
(Gorffennaf 1977)

Mae'r darlun heddiw'n gliriach nag erioed o'r blaen,
Ac nid oes ar y darlun hwnnw na brychni na staen.

Anwyldeb y fam a gofiaf – er ei hoedran, nid aeth yn hen,
Wrth estyn ei chroeso i'w chartref mewn sirioldeb a gwên.

Doethineb y fam mewn capel ac aelwyd a welais i,
A bod yn heddychol â phawb oedd ei chyfrinach hi.

Ffyddlondeb y fam a gafwyd yma yng nghysegr Duw,
Ac am iddi gredu'r Gair, fe gafodd flas ar fyw.

Roedd ganddi ryw ryfedd ddawn i drin y blodau mewn gardd,
Ac megis y blodau a blannodd, roedd ei bywyd hithau'n hardd.

Magodd lond aelwyd o blant, ac fe'u carodd i gyd,
A bu ddoeth ei chynghorion iddynt wrth eu hebrwng i'r byd.

Pan elo heddiw heibio fe fyddant hwythau bob un
Yn ei gweld o hyd yn gliriach fel yr ymbellhao'r llun.

Ni chlywid ei llais yn parablu yn uchel ar heolydd y plwy,
Ond bydd hi'n dal i lefaru yn eu hatgofion hwy.

Roedd y bara yr un mor sanctaidd ar fwrdd ei chegin lân
Â'r bara ar Fwrdd y Cymun o dan wlith yr Ysbryd Glân.

Fe welodd ei hen gyfeillion yn mynd o un i un
A hithau o'r hen genhedlaeth yn aros wrthi'i hun.

A phan ddaeth dydd yr ymado, pan gyflawnwyd ei hawr,
Aeth adref yn ddiarwybod heb ei blino gan y cystudd mawr.

Fe glywodd y Llais cyfarwydd a adnabu yn ystod ei byw
Yn dweud a'r haf yn y tir: 'Dos i mewn i lawenydd dy Dduw'.

Anwyldeb. Doethineb. Ffyddlondeb. Dyna rasusau'r Nef
A roes y Tad yn ei gariad i'r anwylaf o'i ferched ef.

Os anodd ymadael dros dro, ar ddiwedd ei daearol daith,
Diolchwn am gael ei chymdeithas, ac am ei ffyddlondeb maith.

MARWNAD SIÔN Y GLYN

Un mab oedd degan i mi;
Dwynwen! Gwae 'i dad o'i eni!
Gwae a edid, o gudab,
I boeni mwy heb un mab!
Fy nwy ais, farw fy nisyn,
Y sy'n glaf am Siôn y Glyn.
Udo fyth yr ydwyf fi
Am benáig mabinogi.

Afal pêr ac aderyn
A garai'r gwas, a gro gwyn;
Bwa o flaen y ddraenen,
Cleddau digon brau o bren.
Ofni'r bib, ofni'r bwbach,
Ymbil â'i fam am bêl fach.
Canu i bawb acen o'i ben,
Canu 'ŵo' er cneuen.
Gwneuthur moethau, gwenieithio,
Sorri wrthyf fi wnâi fo,
A chymod er ysglodyn
Ac er dis a garai'r dyn.

Och nad Siôn, fab gwirion gwâr,
Sy'n ail oes i Sain Lasar!
Beuno a droes iddo saith
Nefolion yn fyw eilwaith;
Gwae eilwaith, fy ngwir galon,
Nad oes wyth rhwng enaid Siôn.

O Fair, gwae fi o'i orwedd!
A gwae fy ais gau ei fedd!
Yngo y saif angau Siôn
Yn ddeufrath yn y ddwyfron:

22

Fy mab, fy muarth baban,
Fy mron, fy nghalon, fy nghân,
Fy mryd cyn fy marw ydoedd,
Fy mardd doeth, fy mreuddwyd oedd;
Fy nhegan oedd, fy nghannwyll,
Fy enaid teg, fy un twyll,
Fy nghyw yn dysgu fy nghân,
Fy nghae Esyllt, fy nghusan,
Fy nerth, gwae fi yn ei ôl!
Fy ehedydd, fy hudol,
Fy serch, fy mwa, fy saeth,
F'ymbiliwr, fy mabolaeth.

Siôn y sy'n danfon i'w dad
Awch o hiraeth a chariad.
Yn iach wên ar fy ngenau!
Yn iach chwerthin o'r min mau!
Yn iach mwy ddiddanwch mwyn!
Ac yn iach i gnau echwyn!
Ac yn iach bellach i'r bêl!
Ac yn iach ganu'n uchel!
Ac yn iach, fy nghâr arab
Iso'n fy myw, Siôn fy mab!

Y FONEDDIGES BETI EIC DAVIES, GWAUNCAEGURWEN

Un dreng ydyw'r lleidr angau,
Am loywder, ceinder mae'n cau
Ei grafanc o law wancus
O flaen eiddigedd ei flys.
Daw i ddwyn o'n byd ei dda,
A dwyn enaid uniona'.

I 'Ben-twyn' i ddwyn un dda
Daeth o ar ei daith hya'!
Dwyn y fam hael o'r aelwyd,
Dwyn lliw haul a'n gado'n llwyd;
Dwyn y pwyll a'r didwylledd,
Gras ei gair o groeso'i gwedd.
Dwyn gobaith pen-taith weithion
O'r byd; mor dyner ei bôn.

Dwyn o'r Cyngor ragorferch,
Dwyn un bur, ddoeth dan bridd erch;
Dwyn tŵr llawen ei chenedl,
Dwyn un lân ei chân a'i chwedl.
Dwyn hyder ein pryderon,
Hyder lle roedd breuder bron.
Dwyn dewrder dan y gweryd,
Dwyn i'r bedd dynera'i byd.
Dwyn o'r byd ffrom, golomen;
O wyn ei gas, dwyn ei gwên.
Dwyn gofal ein gofalon
A dwyn hwyl ydoedd dwyn hon.

Er a ddwedir, gwir a gau,
Un dreng ydyw'r lleidr angau!

EIC DAVIES

Cais a gôl adlam a'i gwnaeth yn ffamws
Yno'n acenion y fro a'i cwnnws;
Gydag afiaith ein hiaith a ystwythws
Ar Waun Cae Gurwen yn gymen, gwmws;
Yn gyson fe ddangosws – ei ddonie
Ac ar faes geirie efe a sgorws.

GENETH IFANC

(yn amgueddfa Avebury, o hen bentref cynnar ar Windmill Hill gerllaw.
Tua 2500 CC)

Geneth ifanc oedd yr ysgerbwd carreg.
Bob tro o'r newydd mae hi'n fy nal.
Ganrif am bob blwyddyn o'm hoedran
I'w chynefin af yn ôl.

Rhai'n trigo mewn heddwch oedd ei phobl,
Yn prynu cymorth daear â'u dawn.
Myfyrio dirgelwch geni a phriodi a marw,
Cadw rhwymau teulu dyn.

Rhoesant hi'n gynnar yn ei chwrcwd oesol
Deuddeg tro yn y Croeso Mai
Yna'r cydymaith tywyll a'i cafodd.
Ni bu ei llais yn y mynydd mwy.

Dyfnach yno oedd yr wybren eang,
Glasach ei glas oherwydd hon.
Cadarnach y tŷ anweledig a diamser
Erddi hi ar y copâu hyn.

Y TANGNEFEDDWYR

Uwch yr eira, wybren ros,
    Lle mae Abertawe'n fflam.
Cerddaf adref yn y nos,
    Af dan gofio 'nhad a 'mam.
Gwyn eu byd tu hwnt i glyw,
Tangnefeddwyr, plant i Dduw.

Ni châi enllib, ni châi llaid
    Roddi troed o fewn i'w tre.
Chwiliai 'mam am air o blaid
    Pechaduriaid mwya'r lle.
Gwyn eu byd tu hwnt i glyw,
Tangnefeddwyr, plant i Dduw.

Angel y cartrefi tlawd
    Roes i 'nhad y ddeuberl drud:
Cennad dyn yw bod yn frawd,
    Golud Duw yw'r anwel fyd.
Gwyn eu byd tu hwnt i glyw,
Tangnefeddwyr, plant i Dduw.

Cenedl dda a chenedl ddrwg –
    Dysgent hwy mai rhith yw hyn,
Ond goleuni Crist a ddwg
    Ryddid i bob dyn a'i myn.
Gwyn eu byd daw dydd a'u clyw,
Dangnefeddwyr, plant i Dduw.

Pa beth heno, eu hystad,
    Heno pan fo'r byd yn fflam?
Mae Gwirionedd gyda 'nhad,
    Mae Maddeuant gyda 'mam.
Gwyn eu byd yr oes a'u clyw,
Dangnefeddwyr, plant i Dduw.

GWLADYS RHYS

Seiat, Cwrdd Gweddi, Dorcas a Chwrdd Plant;
A 'nhad drwy'r dydd a'r nos mor flin â'r gwynt,
A'r gwynt drwy'r dydd a'r nos ym mrigau'r pîn
O amgylch tŷ'r gweinidog. Ac roedd 'mam,
Wrth geisio dysgu iaith y nef, heb iaith
Ond sôn am oedfa, Seiat, Cwrdd a Dorcas.

Pa beth oedd im i'w wneuthur, Gwladys Rhys,
Merch hynaf y Parchedig Thomas Rhys,
Gweinidog Horeb ar y Rhos? Pa beth
Ond mynych flin ddyheu, a diflas droi
Fy llygaid draw ac yma dros y waun,
A chodi'r bore i ddymuno nos,
A throsi drwy'r nos hir, gan ddisgwyl bore?
A'r gaeaf, O fy Nuw, wrth dynnu'r llen
Dros y ffenestri bedwar yn y pnawn,
A chlywed gwynt yn cwyno ym mrigau'r pîn,
A gwrando ar ymddiddan 'nhad a 'mam!

Rhyw ddiwrnod fe ddaeth Rhywun tua'r tŷ,
A theimlais Rywbeth rhyfedd yn fy nghalon:
Nid oedd y gwynt yn cwyno yn y pîn,
A mwyach nid oedd raid i'm llygaid droi
Yma ac acw dros y waun. Daeth chwa
Rhyw awel hyfryd o'r gororau pell.

Mi dynnais innau'r llenni dros y ffenestr,
Heb ateb gair i flinder oer fy nhad,
A gwrando 'mam yn adrodd hanes hir
Cymdeithas Ddirwest Merched Gwynedd: yna
Heb air wrth neb eis allan drwy yr eira,
Pan oedd y gwynt yn cwyno drwy y pîn,
A hithau'n noson Seiat a Chwrdd Dorcas.

Am hynny, deithiwr, yma rwyf yn gorwedd,
Wrth dalcen Capel Horeb – Gwladys Rhys,
Yn ddeg ar hugain oed, a 'nhad a 'mam
Yn pasio heibio i'r Seiat ac i'r Cwrdd,
Cyfarfod Gweddi, Dorcas, a phwyllgorau
Cymdeithas Ddirwest Merched Gwynedd: yma
Yn nyffryn angof, am nad oedd y chwa
A glywswn unwaith o'r gororau pell
Ond sŵn y gwynt yn cwyno yn y pîn.

MARWNAD SYR JOHN EDWARD LLOYD

Darllenais fel yr aeth Eneas gynt
Drwy'r ogof gyda'r Sibyl ac i wlad
Dis a'r cysgodion, megis gŵr ar hynt
Liw nos mewn fforest dan y lloer an-sad,
Ac yno'n y gwyll claear
Tu draw i'r afon ac i Faes Wylofain
Gwelodd hen arwyr Tro, hynafiaid Rhufain,
Deiffobos dan ei glwyfau, drudion daear,

Meibion Antenor ac Adrastos lwyd;
A'i hebrwng ef a wnaent, a glynu'n daer
Nes dyfod lle roedd croesffordd, lle roedd clwyd,
A golchi wyneb, traddodi'r gangen aur,
Ac agor dôl a llwyni'n
Hyfryd dan sêr ac awyr borffor glir,
Lle y gorffwysai mewn gweirgloddiau ir
Dardan ac Ilos a'r meirwon diallwynin.

Minnau, un hwyr, yn llaw hen ddewin Bangor
Euthum i lawr i'r afon, mentro'r cwch,
Gadael beiston yr heddiw lle nid oes angor
A chroesi'r dŵr, sy ym mhwll y nos fel llwch,
I wyll yr ogofâu
Lle rhwng y coed y rhythai rhithiau geirwon
Gan sisial gwangri farw helwyr meirwon
Nas clywn; nid ŷnt ond llun ar furiau ffau.

Yna daeth golau a ffurf fel gwawr a wenai,
Helm a llurig yn pefrio ac eryr pres
A chwympo coed, merlod dan lif ym Menai
Palmantu bryniau a rhaffu caerau'n rhes:

Tu ... regere populos,
Mi welwn lun Agricola yn sefyll
Ar draeth ym Môn, murmurai frudiau Fferyll,
A'r heli ar odre'r toga'n lluwch fin nos.

Ac ar ei ôl mi welwn ŵr yn troi
Oddi ar y ffordd i'r fforest, i glirio llain
A hau ei wenith a hulio bwrdd a'i doi;
Ac yn ei ystum roedd cyfrinach. Gwnâi'n
Araf arwydd y groes,
Ac adrodd geiriau atgofus dros y bara,
A chodi cwpan tua'r wawr yn ara',
Penlinio a churo'i fron, cymuno â loes.

Petrusais: 'Gwn, tra pery Ewrop, pery'r
Cof am y rhain; ni byddant feirw oll,
Seiri ymerodraethau'r Groes a'r Eryr;
Eu breuddwyd hwy, a glymodd dan un doll,
Un giwdod ar un maen,
Fôn a Chyrenaïca, fu sail gobeithio
Dante a Grotius, bu'n gysgod dros anrheithio
Ffredrig yr Ail a Phylip brudd o Sbaen.

'Ond yma ym mro'r cysgodion y mae hil
Gondemniwyd i boen Sisiffos yn y byd,
I wthio o oes i oes drwy'r blynyddoedd fil
Genedl garreg i ben bryn Rhyddid, a'r pryd –
O linach chwerw Cunedda –
Y gwelir copa'r bryn, drwy frad neu drais
Teflir y graig i'r pant a methu'r cais,
A chwardd Adar y Pwll ar eu hing diwedda';

'Pa le mae'r rhain?' Ac wele neuadd adwythig,
Gwely'n y canol, esgob, archddiagon,
Claswyr corunog, prioriaid Caer, Amwythig,
Yn iro llygaid tywyll uthr bendragon,
Ac yntau'n tremio o'i henaint
Ar ffiord y Llychlyn, llongau Gothri ar herw,
Ogof Ardudwy, geol Hu Fras, Bron 'r Erw,
Helbulon saga oes a'i loes dan ennaint.

A gwelais grog ar lawnt a dwylo drudion
Yn estyn tuag ati rhwng barrau heyrn,
Oni ddaeth llong o Aber a rhwyfwyr mudion,
Tyrs ar y lli a lludw ar wallt teyrn
A chrog rhwng dwylo ar sgrin …
A dacw ben ar bicell, a rhawn meirch
Yn llusgo yn llwch Amwythig tu ôl i'w seirch
Gorff anafus yr ola' eiddila' o'i lin.

Ac ennyd, megis paladr fflam goleudy
Dros genlli'r nos, fflachiodd agennau'r gaer
A saif ar graig yn Harlech, etifedd deudy
Cymru'n arwain coron, dawns i'r aer;
Yna ger Glyn y Groes
Rhoes ail Teiresias ym mhylgain Berwyn
Ddedfryd oracl tynged, a bu terfyn:
Toddodd ei gysgod yn y niwl a'i toes.

Fel hwnnw a ddringodd sblennydd gwlad anobaith,
Trois innau at fy mlaenor, 'A all dy fryd
Esgyn i glogwyn tymp a chanfod gobaith?
Eu hiaith a gadwant, a oes coel ar frud?
A gedwir olaf crair
Cunedda o drafael cur ei feibion oll?'
Ond ef, lusernwr y canrifoedd coll,
Nid oedd ef yno mwy, na'i lamp na'i air.

HEDD WYN

Y bardd trwm dan bridd tramor, y dwylaw
    Na ddidolir rhagor:
    Y llygaid dwys dan ddwys ddôr,
    Y llygaid na all agor!

Wedi ei fyw y mae dy fywyd, dy rawd
    Wedi ei rhedeg hefyd:
    Daeth awr i fynd i'th weryd,
    A daeth i ben deithio byd.

Tyner yw'r lleuad heno tros fawnog
    Trawsfynydd yn dringo:
    Tithau'n drist a than dy ro
    Ger y ffos ddu'n gorffwyso.

Trawsfynydd! Tros ei feini trafaeliaist
    Ar foelydd Eryri:
    Troedio wnest ei rhedyn hi,
    Hunaist ymhell ohoni.

HILLSBOROUGH

Mae cicio pêl i grwt,
ac yn wir i ddyn, yn wefr.
Paham y mae'n rhaid i bleser mor ddiniwed o syml
droi ambell waith yn hunllef a gwae,
a glaswellt eto'n garped angau?

Mae 'no feysydd sy'n gadle celanedd:
Catraeth yn Efrog,
dolydd y pabi coch yn Fflandrys,
ac yn rhywle, medden nhw, mae Spion Kop.
Ond brwydr yw brwydr.
Gwahanol yw gêm.

Ond bellach aeth meysydd gwyrdd y gêm
yn erwau'r hen wylofain,
ac ar eu henwau glwyfau llidus –
Ibrox, Bradford, Heysel, a Hillsborough.

A heddiw, drannoeth y drin, mae'r litanïau'n drwch
yn nheml y credinwyr,
ac ar allor y maes
mae sloganau, bathodynnau'n dorch,
a lliwiau'r achos, megis canhwyllau,
yn llosgi'n goffadwriaeth fud.
A chanu'n ddistaw ym mireinder blodau mae adnod y ffydd –
'You'll never walk alone'.
Adnod sy'n lletach ei hystyr na chrynder pêl.

Nid oes a erys heddiw
namyn hiraeth am y rhai a fu,
y rhai a wybu bleser cicio pêl.
Paham y mae'n rhaid i bleser mor ddiniwed o syml
droi, ambell waith, yn hunllef a gwae,
a glaswellt eto'n garped angau?

BWLCH

(er cof am Tada)

Yn dy lygad graffter
Llygad bugail, balchder.

Ar dy wefus, wên,
Ar dy fin, awen.

Yn dy lais, dân
Gloyw oleugan.

I'th ddwylo, hedd
Wedi rhin amynedd.

I ninnau, hir gyni
Chwithdod dy golli.

DAW'R GWANWYN YN ÔL

(ar ôl gwrando ar record o'm brawd Gwilym Gwalchmai [1921–1970]
yn canu dwy gân, 'Y Berwyn' a'r 'Gwanwyn Du')

'Daw'r gwanwyn yn ôl i Eifionydd cyn hir
A glas fydd yr awyr a glas fydd y tir,
Glas fydd y cefnfor ond du yw fy mron,
Glas yw y llygaid sy 'nghau dan y don.'

Ein gramoffon yn ferfa
a'i choesau i fyny'n anweddus
ac yn swatio 'dani –
Ti yn Chalapin a finne'n Gigli;
hyn cyn i'r Columbia ddeuddrws, dderw
barchuso breuddwyd a dileu dychymyg!

Ein menig paffio yn sach wedi ei leinio â gwellt
a'r cyfan yn focsio gwâr
teilwng o Peterson a Tommy Farr
nes chwalu o'r stwffin a rhwygo'r sach.

Criced wedyn.
Lwmp o bren hôm-mêd yn fat,
stympiau o'r gwrych yn wiced
a'r llain yn faes brwydr Swydd Efrog a Notts.
Hardstaff a Leyland,
Larwood a Billy Bowes.
Ninnau'n ein tro yn Verity'r troellwr
heb wybod hyd heddiw
ai twll yn y cae
neu dwidlan bysedd a barodd i'r belen blygu!

Troi'r cae yn ei dymor
yn Maine Road a Goodison,
Ted Sagar a Swift yn fwâu eogaidd rhwng pyst
ac ergydion Tilson a phenio bwledog ein Dixie Dean.

Rhuthro o chwys gwair a gwenith
a chraig llyn y felin yn llwyfan ein deifio dwfn
pan oedd yr haul yn falm o felyn.

Rhannu nosau'r trowynt
a hwnnw'n plastro eira distaw ogylch y tŷ,
ninnau'n dau yn suddo i ddyffryn dwfwn ein gwely plu.

Rhannu hefyd ein hosan 'Dolig
pan oedd y syml yn flas
cyn dyddiau'r braster a'r saim.

Cyn torri o'r llais
cofio dy gyrls a'th gân yn 'steddfod y plwy,
'Cenwch im gân am y llanc nad yw mwy,
Tybed ai fi oedd ef?'

Ac wrth dy ollwng cyn pryd i ddaear ein tras
O! na fai hynny hefyd
yn rhan o'r brafado,
yn rhan o'n dychymyg glas.

MARWNAD TOM JONES, LLANUWCHLLYN

Â Thomas Jones yn nef y nef,
   Bydd trefn lle bu dyfalu:
Rhoir Pwyllgor Gwaith dan gadair gref,
   Diddymir anwadalu.

Ni wiw trosiadu fel mewn niwl
   Am 'lawer o drigfannau',
Cans ef a fynn â'i sgwâr a'i riwl
   Gael golwg ar y planiau.

Bydd llaw yr heuwr megis gordd,
   Nid egyr hi yn fwythlon,
Ni syrth yr had ar fin y ffordd,
   Ond oll mewn tiroedd ffrwythlon.

Fe brisia'r oll, a'r *onyx* drud
   A'r aur, heb ddim cymhlethu,
Gan ymgynghori yr un pryd
   Â Mathew am eu trethu.

Perseiniach yno fydd yr aeg
   Â'r Aran yn ei siarad;
Pob proffwyd a phob ysgolhaig
   A gydia 'nghyrn yr arad.

A chyda'r nos, os nos a geir
   Lle nad oes haul na lleuad,
Cerdd dant y delyn a ryddheir,
   Fel mêl, dan ei arweiniad.

★   ★   ★

Rwy'n canu'n ysgafn iawn, mi wn,
  Rwy'n canu'n ysgafala,
Rwy i'n dafotrydd dan fy mhwn
  Am nad oes pwyll mewn galar.

Ac am fod Thomas wedi mynd
  Heb rybudd, yn ddiffarwel,
Ac am nad oes, wrth gofio ffrind,
  Ond cellwair gyda'r anwel.

'DYDI ARWYR DDIM YN MARW

ELVIS DEAD
    MORT
    MUERTE
    MARW

Mae'n anodd meddwl am Elvis marw.
Efô yr oedd bywyd yn gwingo trwyddo
A'i ganu trwy'r byd yn gyffro.
Gŵr y gitâr, y gloywder a'r goleuadau.
Hwnnw, yn farw.

Elvis oer, tew, marw,
Un a oedd, medden nhw,
Yn gibau o jync.

★   ★   ★

Yr ydym ar ein gwyliau yn yr Alban
Ac y mae fy mab, sy'n naw,
Yn darllen, yn Saesneg,
Mewn papur newydd tra phoblogaidd yn y wlad honno
Gyfres o adroddiadau sy'n canolbwyntio braidd
Ar Elvis y twchu a'r tabledi
A'r hwrio ar fideo.

Y mae fy mab yn deall digon
I weld arwr yn dadfeilio:
'Dydi o ddim wedi ei blesio.

Y mae'r pwnc yn codi eto, yn nhŷ cyfaill
Sy'n prynu papur mwy syber
Na'r un a gawsom ni.

Gwelwn yno nad oes fawr o sôn am Elvis a chyffuriau,
Fawr o sôn am ei strach.
Cyfeirir yn fyr at ryw salwch.

Ar y ffordd yn ôl mae fy mab yn gofyn,
'Am ei fod o'n sâl, ynte,
Yr oedd Elvis yn byta drygs ac yn llyncu tabledi,
Pethau oedden nhw at ei gadw fo'n fyw?'

Ymhen deuddydd wedyn
Dyma fo'n gofyn am ffilmiau,
'Fyddan nhw'n peidio â dangos lluniau Elvis
Rŵan a 'fynta 'di marw?'
''Does dim rheswm dros beidio.
'Wnân nhw ddim peidio.'
'Os byddan nhw felly, yn dal i'w dangos nhw
Ymhen tipyn 'fydd yna neb yn cofio,
Yn na fydd, fod Elvis wedi marw.'

★   ★   ★

Dim o'r tew a'r tabledi, diolch,
Dim o drai heneiddio
Ond y peth byw,
Y gŵr ifanc â'r gitâr, y gloyw hwnnw
Yn siglo yn y goleuadau,
Elvis nad ydi o ddim yn marw.

'Dydi arwyr ddim yn marw,
Ddim pan ydych chi'n naw oed.

DAEAR A NEF

(er cof am fy mrawd)

Hir wyliai chwaer, un noswaith ddu,
  Wrth wely angau brawd;
Un arall yno'n gwylio a gaed
  Nas gwelai llygaid cnawd.

O bang i bang, gwanycha'i gŵyn,
  A'u dwyn yn hwy ni all;
'Mae'n myned,' ebr y drist ei gwedd,
  'Mae'n dyfod,' medd y llall.

Un cryndod hir, un isel nad –
  Dduw Dad, lonydded yw!
Medd merch y ddaear, 'Marw yw ef!'
  Medd merch y nef, 'Mae'n fyw!'

DIC

Roedd pawb yn y pentref yn ei nabod o
Â'i ben mawr a'i gefn llydan
A'i sa'n gadarn.
Ers peth amser ciliasai
Sŵn gloyw ei bedolau o'r stryd.
Yn ei warchae o wair fe wyliai
Y lôn yn prysuro ac olwynion yn meddiannu'r ffordd.
Yntau'n hen frenin mwythus, yn cael ei ddifetha'n lân.

Pan fuo fo farw roedd y plant yn crio
A phawb yn gweld ei golli o.
'Does dim tristwch fel hyn ar farwolaeth car.

ROBERT – NID MARWNAD YW HON –

(Er cof am fy nghyfaill Robert Bell.
Dyn da a deallus. Bu farw o AIDS.)

Robert – nid marwnad yw hon –
Pe bait ti'n eistedd yn rhywle mewn rhyw ystafell
A finnau'n gwybod
Dy fod ti'n eistedd mewn ystafell
A dy fod ti'n iach
Neu hyd yn oed heb fod yn holliach
Ond dy fod ti'n bod
Yn rhywle o hyd
Hyd yn oed pe bait ti'n
Byw ymhell i ffwrdd
A ninnau'n methu cwrdd
Byddwn yn falch
A theimlwn yn well
A finnau'n gwybod
Dy fod ti'n bod
Bod doethineb
Bod callineb
Bod ffraethineb
Yn dal i fod
Ynot ti
A thithau'n saff
Yn eistedd mewn rhyw ystafell
Yn glaf neu'n iach
Ond yn bod o hyd

Ond 'dwyt ti ddim yn bod
A rheibiwyd y byd
O ddoethineb
O gallineb
O ffraethineb
Dim ond gwallgofrwydd a chasineb
Sy'n bod
Bellach yn y byd –
A marwnad yw hon.

ENGLYN CYDYMDEIMLAD

Am dy alar galaraf, – oherwydd
   Dy hiraeth hiraethaf,
   Yn fy enaid griddfanaf
   Drosot ti, a chyd-dristâf.

MAM

Er i'r hin oeri ennyd, – er i'r rhew
   Roi'i wedd ar anwylyd,
  Ac er gerwinder gweryd
  Mam i mi yw hi o hyd.

COFEB

(i Dic Evans ym Moelfre)

Uwch creigiau Moelfre'n edrych tua'r wawr
Mewn ystum heriol o huodledd mud,
A'i ddwylo ar y llyw, mae cerflun cawr
A wyddai am y môr a'i driciau i gyd.
Fe'i carodd, ac fe'i heriodd droeon gynt
Gan omedd i'w greulondeb fynych brae
Pan ymorffwyllai'r tonnau i sgrech y gwynt,
A'i ddwyn i ddiogelwch pell y bae.

Gan amled y dychwelodd pan oedd gwrec
Yn yfflon sarn yn nannedd creigiau briw,
Heb ddim ond amdo gynfas ar y dec
A gweiddi ar y gwynt dros rai o'r criw.
Cyfartal oedd-hi, meddai'r gofeb dlos.
Yn ffeit Dic Ifas *versus* Dafi Jôs.

MARW BONHEDDWR

(John Charles)

Tristáu mae'r teras tawel – o gilio'r
    Cawr gwylaidd i'r twnnel,
    Gŵyr yn iawn ragor na wêl
    Urddas o'r fath i'w arddel.

I'R PUM LLANC

(a laddwyd mewn damwain ym Mlaenannerch)

Hwn yw mur y pum hiraeth – a gwely
  Galar pum cymdogaeth
Am bum llanc ifanc a aeth
I wal y pum marwolaeth.

COFFÂD

Hir yw galar i gilio, – ac araf
    Yw hen gur i fendio,
    Am un annwyl mae'r wylo'n
Ddafnau cudd o fewn y co'.

GALARNAD

Trwy bennod ein trybini – gwn y'n dwg
    Ni'n dau ryw dosturi
  Yn y man, ond mwy i mi
  Glyn galar fydd Glangwili.

Mae'n galar am ein gilydd, – am weled
    Cymylu o'r wawr newydd,
  Galar dau am gilio o'r dydd,
  A galar am gywilydd.

Dygwyd ein Esyllt egwan, – man na chaiff
    Mwy na chôl na chusan,
  Beth sy'n fwy trist na Thristan
  Yn ceisio cysuro Siân?

Ei hanaf yn ei hwyneb, – yn gystudd
    O gwestiwn di-ateb.
  Ac yn ei chri i ni, er neb,
  Anwylder dibynoldeb.

Nef ac anaf fu'i geni, – caredig
    Gur ydoedd ei cholli.
  A didostur dosturi
  ei diwedd diddiwedd hi.

Amdo wen fel madonna, – yn storom
    Y distawrwydd eitha,
  Ar ei bron cenhadon ha',
  A'i grudd oer fel gardd eira.

O dan y blodau heno – mae hen rym
    Mwyn yr haf yn gweithio,
  A chysur yn blaguro
  Lle mae'i lludw'n cadw'r co'.

Yn nagrau'r gwlith bydd hithau – yn yr haul
    Wedi'r elom ninnau,
   Yma'n y pridd mwy'n parhau,
   A'i blawd yn harddu'r blodau.

Nid yw yfory yn difa hiraeth,
Nac ymwroli'n nacáu marwolaeth,
Fe ddeil pangfeydd ei alaeth – tra bo co',
Ei dawn i wylo yw gwerth dynoliaeth.

MARWNAD

Tristach yw Cymry trostyn,
tre a gwlad am fentro i'r glyn
un bore oer yn llawn brain
a'i gael, dan het, yn gelain;
Twm ei hun, eu heilun nhw,
yn Dwm Morys 'di marw.
Yn Forys sych ei feiro,
yn Dwm trwm fu'n fardd un tro.

Cyn bod 'run gwalch 'di codi
a chyn i lwynog na chi
gyfarth, cyn bod y gwartheg
yn y rhyd, dan gwmwl rheg
aed ag o yn flodau i gyd
drwy'r afon, drwy'r dre hefyd,
drwy Drefan a thrwy'r Annedd,
a thai tafarndai i'w fedd.

Wrth ei elor wyth olwyn
yr oedd môr o chwilfeirdd mwyn
wedi dod yn gwmwl du
i hwylio'r bardd i'w wely.
Clerwr mewn byclau arian,
a mil o sgwarnogod mân,
a'r ferch sy'n brifo o hardd,
afanc, ac ambell brifardd.

Yn un â Dafydd Ionawr,
mewn arch y mae Twm yn awr,
arch hir lom, arch orau'r wlad
a chywydd ar ei chaead.

Ac uwch ei arch waetgoch o
yn brifardd wedi brifo,
crio fyth o grwc rwyf i,
diau na fedraf dewi.

Bardd o Wynedd, bardd uniawn,
bardd o'i go' ond bardd go iawn,
bardd y byd a bardd â barn,
bardd difyr bwrdd y dafarn,
dyna oedd. Mae'r byd yn od!
Cinio iawn i'r cynonod
yw fy Morys, fy marwn,
fy Morys hoffus ei sŵn.

Marw a wnaeth Twm Morys,
a llai o hwyl sy'n y llys.
Ond bydd pobol yn holi
am hwn yn hir, mi wn i,
yn barod bob ben bora
maen nhw'n dod yn gwmni da
i daflu hetiau duon
ar ei fedd mawr lawr y lôn.

O Lŷn i waliau union
y dref wleb hydrefol hon,
mewn tai oer, mewn tai teras,
tai dynion drudion o dras,
mewn hen gestyll, mewn gwestai,
yn y tŷ hwn ac mewn tai
eraill blêr, mewn llawer llys,
mae hiraeth am Dwm Morys.

GAIL, FU FARW

'She was free to die.'

(ar ôl gweld ffilm ddogfen dan y teitl *Gail is Dead* –
hanes bywyd merch ieuanc a fu farw o effaith cyffuriau.)

Mor ddiystyr fu ei mynd, a'i dyfod.
Y ferch lwyd
Fu'n eitha niwsans i bawb
O'r dechrau.
Parselwyd o le-rhelings i le-tan-glo
Ar y dyddiad-a'r-dyddiad.
Cartref plant. Borstal. Carchar.
Syllodd ar fyd
Trwy fyd
Na faliai.

Ei llais, mor dawel.
'Hapus? Mae'n siŵr.
Yn blentyn …'
Llais na chredai ei eiriau ei hun.

Ffug-hapusrwydd heroin,
Ac yna'i harch
Yn diflannu i dywyllwch taclus, mesuredig,
I'w llosgi.
('Fe ddowch i'm hangladd?')
Llafargan gysurlon eglwyswr
Dieithr.
Ei ffrindiau
Od
Yn ysgwyd llaw.

Ac allan a hwy, i grio ar gornel y stryd
Drosti hi
A throstynt eu hunain.

Gollyngwyd hi'n rhydd,
Yn rhydd i ddewis marw.

Mor ddiystyr fu ei mynd, a'i dyfod.

MARW CYMYDOG

Mae ambell un ym mhob llan – yn dawel
    A diwyd ymhobman,
  A'r rhwyg, pan ddaw'r bedd i'w ran.
  Yn fwy nag ef ei hunan.

O fewn yr encilfannau – y gwenodd
    Ei gannwyll ei golau,
  Heb ei gweld gan gewri'r bau –
  Hyd nes ei weld yn eisiau.

TRAETHAU

(ar ôl gweld darlun o Hiawatha yn ei ganŵ
yn mynd tua'r machlud, a'i farwolaeth)

Hydref diwyd oedd o
Ac aeron yn diferu i'r dŵr,
Pyllau o waed rhyngof a'r haul,
A'r weilgi doddedig
Yn wêr o aur cyrliog ei gorneli.
Daeth y glaw yn sydyn, smwc,
Glaw mynydd ar y môr.
  Syllais arni'n hir cyn ei gwthio i'r dwfn
Yng nghadernid y deri,
Ei dwylo'n llonydd, a chopr ei gwallt di-bleth
Yn dynwared y dŵr.
Clywn grio gwylanod yn dristwch teulu mawr
Ac eco esgidiau cryfion ar lechen las
Yn nharawiad brig ar y gwymon briw.
Gwelwn eiddilwch y deri
Ymhell ar ôl eu siglo syml at fflam yr aur,
Yn dwyn y llwyth hapusa, trista'n bod –
Nain oedd hi.

Gwanwyn brau oedd hi,
Grisial gwlith ar we rhwng hen gewyll rhwd,
A heulwen heb gwafrio eto ar agennau'r traeth,
Rhigolau barrug yn y tywod.
Sylwais ar fwlch bach cul yn y morglawdd
A'r gronynnau'n disgyn yn araf.
  Syllais arni'n hir cyn ei gwthio i'r dwfn,
Yn y camric caredig
Fel haid o loÿnnod gwyn ar garreg galch
Yn crynu yn yr awel.
A chlywais gwestiwn tincial y tywod

Pan siglai ei chrud i'r tonnau,
Pam yr hawliwyd dychwelyd y mymryn haul
Ar ôl gaeaf mor hynod hir?
Roedd y môr yn niwlog, aneglur
Ac enfys ar f'amrannau
Ar waethaf gwên gynnar Ebrill.
Diflannodd i'r meddalwch.
Bethan oedd hi.

Terfysg haf oedd hi,
A dreigiau ar y môr wedi galanas glaw.
Sgwriwyd y traeth gan y storm
A syfrdan y safwn heddiw.
    Syllais arni'n hir cyn ei gwthio i'r dwfn
Yn aroglau chwerw'r pîn.
Gwelwn lendid llygad y dydd a'i ymyl yn waed,
Petalau bywyd cariad
A gwawr gobeithion rhieni
Ynghlwm wedi'r glaw.
Cyndyn fûm i'w gollwng.
Bu'n hir yn diflannu i'r gwyll,
Ac ym min yr hwyr yn yr haf
Daw eto gysgod llwyd i siglo'n fy nghof,
Ac arogl pîn i'r heli.
Onid haerllugrwydd brad allai fynnu afradu breuddwydion
Ugeinmlwydd?
Eurwen oedd hi.

Urddas a roddais i'r tair wrth eu rhoi i'r môr
Ac eigion fy nghof i'w suo.
Urddas y toddi i ddiddymdod ddoe
A'u dwylo ar led i groesawu hela'r haul,
Yn lle griddfan y pridd budr,
A maen i fingamu'n wyrgam
Dan ywen ysgornllyd ir.

Tri chwch ar arffed y dyfnfor distaw
Fel cwpanau mes mewn cylchau lliw,
Yn oedi,
Ac fel tair seren ar y gorwel draw
Diffodd yn dawel, un ac un,
A minnau'n rhythu ar y traethau
Ac ar y môr.

CLED

Y Gymraeg ym miri'r ŵyl
a sŵn ei lleisiau annwyl
yn dathlu'i bod, dathlu y bydd
yfory i'w lleferydd;
lliwiau haf yng Nglynllifon
yn cynnau'r ffydd, cyn i'r ffôn
seinio. Diffoddwyd synnwyr
a lliwiau haf yn wyll llwyr.

O, mor hir fu'r marw hwn;
rhyw farw yr arferwn
â'i weld oedd, ei weld o hyd
yn bywhau ar draul bywyd.
Heddiw, o'i ddweud, newydd oedd,
am mai haws gyda'r misoedd
ydyw arfer â darfod
na'i wynebu ddydd ei ddod,
na derbyn fod un ennyd
mor fythol derfynol fud.

Trwm yw'r taw sy'n tramwy'r tir,
mudandod llym hyd weundir.
Y Mai hwn a'i ddyddiau mud
fu Mai hwyaf fy mywyd.
Ni all afiaith Glynllifon
greu rhith o wawr drwy'r awr hon.
Y mae'r clyw ym marw Cled
yn glyw na fedr glywed
dim ond ust munudau hir
o d'wyllwch nas deellir;
yna, sŵn cwynfanus haf
Gwytherin, a gwaith araf
gŵr a'i bâl ar gwr y byd,
un gŵr yn agor gweryd

Y Garnedd yn Llangernyw –
torri bedd nes torri i'r byw.
Sŵn y rhaw sy'n yr awyr,
sŵn Dim sy'n atsain ei dur,
a thrwy oesau'r oriau hyn
clywadwy yw bedd Cledwyn.

Fe welaf â'm cof eilwaith
ei nerth a'i wên wrth ei waith
yn cau'r ffin, ailddiffinio
â'i fôn braich derfynau bro;
â'r cryman claer creu man clyd,
a thwf treftadaeth hefyd;
plethu cân fel plethu cyll,
eilio caead fel cewyll.

Gair a pherth, un oedd gwerthoedd
y Cymro hwn; Cymru oedd:
Cymru'r gwerinwyr uniaith,
gwlad a oedd yn gweld ei hiaith;
llenorion yn lluneirio,
yn troi lluniau geiriau'n go'.

Goleuni hwyr ysgol nos
ar gefnen draw, gaeafnos
ddudew, a sŵn cerddediad
ar gul lôn yn nyfnder gwlad;
camre gwâr ein Cymru gynt
drwy'r caddug ar drec oeddynt;
mynnu dallt, a minio dur
yr ymennydd, crymanu'r
drysi yn adwy rheswm,
mynnu lled troed mewn lle trwm.

Hyn oedd Cled; o'i galedwaith
ysu wnâi am noson waith
i droi i fyd yr awen,
i fyd llyfr a thrafod llên.

Mor Gymreig ei hiwmor oedd;
mor gadarn Gymreig ydoedd
yn ei ofal a'i alar
am gymoedd y gwerthoedd gwâr;
gweld cwm ar ôl cwm yn cau
y drws a gweld yr oesau
yn diffodd i'r gwyll diffaith,
i'r gwyll llwyr o golli iaith.

Yr un gwae yn yr un gwyll
oedd taw y misoedd tywyll
ynddo ef; byw ynddo'i hun
fudandod heb fod undyn
a'i deallai. Dywylled
oedd y clyw yn niwedd Cled.
Geiriau yn mynd o'i gyrraedd,
mynd i gyd, a dim ond gwaedd
ei gof ef mewn ogof hir,
mewn ogof nas mynegir
trwy'r un iaith natur ei nos,
ogof y diwedd agos.
Angau ni wêl angen iaith,
mae'n meimio yn ein mamiaith.
Megis estron, greuloned
fu cael hwn rhyngof a Cled.

Heddiw yr oedd dydd Iau'r ŵyl
i eraill yn ddydd arwyl;
camau araf cymheiriaid
yn nefod hen yr hen raid;

y naill un yn llun y llall,
hiraeth a hiraeth arall
ysgwydd wrth ysgwydd, gosgordd
dawel ei ffarwel, a'r ffordd
yn gul gan led y galar,
gan led y golled am gâr.

Fe'i rhoddwyd i'w fro heddiw
yn llonydd dragywydd driw;
fe'i rhoddwyd ym mreuddwydion
ac ym mhridd y Gymru hon;
fe'i rhoddwyd i'w harswyd hi
yn y taw nad yw'n tewi.

Gwae fi fy rhyfyg fy hun,
gwae imi'r gair ysgymun;
gwae imi, gydag amarch,
regi Duw ar gaead arch;
gwae im feiddio lleisio llid
yno uwch rhosyn Enid.

Anodd coelio, Dduw caled,
anodd credu claddu Cled,
a'i adael mor fud wedyn,
mor fyddar â daear dynn
Y Garnedd yn Llangernyw –
llond arch o gyfaill nad yw.

IWAN

Siliwét yn nrws salŵn
oedd-o. Am hynny, gwyddwn,
yn seiadau'r golau gwael,
ei fod yn dod i adael;
dôi o'r haul a'i ledar o
a nod y diwrnod arno.

Dan gantel isel y wên
mae gwae. Mae mwg ei awen?
Mae pianydd? Mae cwmpeini?
Mae iaith? Mae blŵs? Ac mae hi,
y ferch hardd? Lle mae barddas
a holl fêr ei linell fas?

Hongian y mae pob cynghanedd
yn nrws y bar, drws y bedd;
heddiw, aeth i'w lonyddwch,
yn ôl i'w haul, hyn o lwch.
Wedyn, yng ngwydryn fy nghân,
be' 'di bywyd heb Iwan?

RHOI FY NHROED YNDDI

(er cof am Gareth Maelor)

Yr oedd o, o raid,
wedi tynnu i mewn
wedi parcio ei fwriad,
wedi bagio mewn ffydd
i gilfan y llinellau melyn
yn y Dre.

Yr oedd o, o arferiad,
wedi canu ei gorn,
wedi gorfodi'r drws yn agored,
wedi fy hysio innau i'r sêt tu blaen
am sgwrs.
Yr oedd hyn drannoeth y datguddiad mawr.

Ac yr oedd o, o argyhoeddiad,
yn wyneb diffyg amynedd,
wedi cadw ei ben,
wedi brathu ei dafod,
wedi anadlu'n ddwfn
pan fentrais dorri tawelwch y dweud efo jôc:

'Rydach chi wedi parcio ar linellau dwbwl, on'do?

Ac yr oedd o, mewn chwerthiniad,
wedi ateb yn strêt,
fel 'tasa fo'n twangio saeth-weddi fyw
neu'n anfon e-bost at ei dduw:

'Paid â phoeni, fydda' i ddim yma yn hir.'

Yr oedd o, a finnau efo fo, yn crio,
yn gwybod nad oes, byrred ein heinioes,
roi brêc ar y gwir.

YSGRIF OLAF

(i gofio am fy mab, Trystan Maelgwn Jones [1977–1992])

Ar ei fwrdd mae'i ysgrif o – a brawddeg
    Fel breuddwyd yn crwydro
    Ar ei hanner, a heno …

WEDI'R ANGLADD

(14 Chwefror 1992)

Piau'r bedd ym Mhen y Garn?
Glaw Chwefror a'i gwlych heno,
A mab pymthengmlwydd 'n y gro.

Mis bach heb un eirlys oedd
Chwerw y glaw ym mreichiau'r pîn,
A mis bach rhy faith ydoedd.

Hir ddisgwyl y seren o'r gwyll
Y nos Sul uwch Treforys,
Ofer taith hofrennydd brys.

Ddoe yr hela ar fynydd,
Ddoe y ddawns, a ddoe'r gân,
A ddoe mwy yw pob dydd.

Ef ym miri pob symud,
Ef a safai i'w gyfri!
Pwy ddaw i'w le yn y rhyd?

Pwy yw'r henwr sy'n wylo
Ŵr unig, trwm ei alaeth?
Morgan y Foel, doniol, ffraeth.

Ai rhain yw hogie'r hela
Keegan a Tosh a Iestyn,
Mud eu trem uwch Genau'r Glyn.

Ei alw heddiw i chwarae;
I'w dasgau yn yr ysgol,
Galw, er gwybod ple mae.

Wyf Lywarch, hen yn ei loes
Ar y bont heb ddeheulaw,
Ar riniog brwydr einioes.

Wyf Owain, wyf Bryderi,
Ond i be? Ni wêl helgwn
Ddial y gelyn hwn.

Gwae y bwlch heddiw lle bu,
Diffoddwyd, collwyd mewn awr
Y glain o goron teulu.

MAM

Mae chwe llythyren heno – yn y maen
    Enw mud wedi'i serio,
    Enw er hyn sydd yn gryno
    'Lond tŷ yn canu'n y co'.

AR GARREG FEDD

(Owen ac Elizabeth Jones, Neuadd, Coedana, Môn.
Buont farw o fewn ychydig wythnosau i'w gilydd.)

Dau enaid o'r un deunydd – wahanwyd
    Gan yr hen ddidolydd;
Ond wedi'r rhwyg Duw a'u rhydd
Eilwaith yn ôl i'w gilydd.

GLÖWR A CHANWR

Twm oedd tenor gorau'r côr,
Gweithiai yng Nglofa Nymbyr Ffôr;
Un dydd syrthiodd grand piano
Lawr y siafft, ac yntau tano.
Nawr, yn hytrach na top tenor,
Y mae Twm yn *A-flat Miner*.

COLLI EIRWYN

(1994)

Y dyn bach â'r cap a'r wên
A'i storïau'n gampau llên
A'n sbardunodd ni i chwerthin wrth y mil;
Ond tu ôl i'r hwyl a'r hoen
Roedd 'na enaid mawr mewn poen
Yn gofidio am ei iaith, ei wlad a'i hil.

Mari Fowr sy'n drist a phrudd
Gyda deigryn ar ei grudd,
A'r hen Ficer o Benstwffwl sydd heb gân;
A chyfeillion y Bliw Bôr
Sydd yn llefen dagre'r môr
Am na ddaw o'r gweithdy heno sŵn y plân.

Aeth y byd i gyd o chwith
Wedi iddo fynd o'n plith,
Nawr mae gwacter lle bu bywyd gynt mor llawn;
Nid oes ystyr nawr i hwyl,
'Dydi'r Steddfod ddim yn ŵyl,
Na chwedleua nawr yn grefft na sgwrsio'n ddawn.

Y dyn bach â'r cap a'r wên
A'i storïau'n gampau llên
A'n sbardunodd ni i chwerthin wrth y mil;
Ond tu ôl i'r hwyl a'r hoen
Roedd 'na enaid mawr mewn poen
Yn gofidio am ei iaith, ei wlad a'i hil.

NADOLIG HEB ROY

O'n plith, ar Ŵyl ledrithiol, – y mae un
    Wyneb sy'n absennol,
    A'n holl fyd, rhywsut, ar ôl
    Un wyneb yn wahanol.

Â'i gelyn yn dorch galar, – un cnul yw
    Cân lawen byd hawddgar,
    Ac un arwyl yw'r Ŵyl wâr:
    Gŵyl wag odidog-liwgar.

Amryliw, mwy, yw'r aelwyd, – a'r goeden
    Lawen a oleuwyd,
    Ond yn brudd y'i gorchuddiwyd:
    Mae'r goeden fel ywen lwyd.

Nadolig estyn dwylo – eleni
    Yw'r Ŵyl annwyl hebddo;
    Gŵyl a'i hwyl i gyd dan glo:
    Nadolig o gyd-wylo.

CAROL

(er cof am Kirsty MacColl)

Rhwng y dannedd diawledig fe glywaist ti lais
oedd yn nes at dy galon na sŵn newydd y Sais:

ac yn oerfel Efrog Newydd nid y limosîns crand
a gynhesai dy Ddolig, ond hiraeth y band

am alawon Iwerddon a harbwr Galwê
a'r bobol ddidoreth oedd yn gweu drwy'r lle:

fe welaist ti Elfis wrth dalu dy fîl,
a chusanu cefn ei law o wrth ffarwelio'n swil:

fe'th swynwyd gan guriad llanw'r Caribî
a chaethiwed Ciwba oedd dy ryddid di:

ac wrth i ni obeithio am eira'n fan hyn
dan haul y trofannau boed dy Ddolig yn wyn.

ADDFWYNO ANGAU

(er cof am Blodwen Hughes, Rhydaman)

Nid yw yn wae ein diwedd; – lle rhoddwyd
   Llareiddiwch i orwedd
   Addfwynach bellach yw'r bedd
   Ac o'i fewn wraig o fonedd.

PENILLION COFFA I'R DIWEDDAR
EVAN WILLIAMS (1854–1934)

Fe'th welais droeon, hen werinwr gonest,
Yn dringo rhiw'r Graig Fawr bob gwanwyn mwyn
Lle dôi ymwelwyr lu o lyn i luest
Ac adar mynydd yn eu tro i'r twyn.

Bu rwydd dy hoffi ac mor sionc dy eiriau
Pan ddelai stori ddoniol dros dy fin,
Storïau gwledig am ryw eisteddfodau
Neu wanwyn bywyd oedd mor bêr ei hun.

Arhosais gyda thi ar gwr yr henffordd
Yn un o yrwyr blin y certi Mawrth
Ac eistedd lawer munud ar dy drymordd
I ddrachtio o ffraethebau doniol iawn.

Mae pob chwerthiniad iachus eto'n aros
Er rhoi dy lwch i huno yn y bedd,
Fe'th welaf dithau eto lawer hirnos
Yn codi cefn am glydwch aelwyd hedd.

Fe wn i mi wastraffu llawer orig
I siarad gyda thi ar gloddiau llwm;
Fe'th welais lawer gwaith yn weitiwr unig
Heb neb ond miwsig adar yn y cwm.

Ond ni phryderaf mwy o golli amser
Wrth loetran oriau blin ar fin y ffordd;
Er bod pob gwaith neu neges ar ei hanner,
Roedd swyn mewn carn o gerrig, rhaw a gordd.

Mae'r melyn rwd sydd dros dy raw a'th forthwyl
Yn taeru fod hen gyfaill wedi mynd;
Mae ieir y mynydd fel pe'n cadw noswyl
A'r defaid fel pe'n wylo am hen ffrind.

Mae perthi'r ardal yn blaguro weithian
Pan ddêl pob gwanwyn tua'r dolydd bras
Ond arall ddaw i'w torri gyda chryman
Pan fyddo'r haf yn llonni'r llwyni glas.

Mi wn mai ofer bellach yw dy geisio
Pan ddêl petalau gwyn ar berthi'r drain;
Mi wn mai ofer bellach yw clustfeinio
Am alaw felys, bêr 'Hen ffon fy nain'.

Do, dysgaist finnau gynt i greu englynion
Cans gwyddet am fesurau, caeth a rhydd;
O ddrachtio o'th wybodaeth oriau hirion
Bu'n anodd codi cefn ar ddiwedd dydd.

Mae creithiau'r graig ac ôl y cŷn yn aros
A'r ffordd yn dyst o lafur caib a rhaw,
Ond gwyllt yn awr yw'r adar ar y penrhos
A ffordd y llynnoedd wedi newid llaw.

Ar nawn o Fawrth, bu'n anodd rhoddi ffarwel
Wrth weld dy arch yn pasio Lôn y Groes,
Roedd hiraeth bro yn llenwi min yr awel
A'r ffordd yn colli ffrind a chyfaill oes.

Bu'n anodd rhoi dy gaib a'th gryman gloyw
I fod yn segur mwyach dan y to,
Ac anodd iawn dy golli, henwr hoyw,
Fu'n trefnu min yr henffordd er cyn co'.

Na tharfed sŵn y Deifi dy weddillion
Sy'n gorffwys heno o bob poen a chur;
Daw dagrau hen werinwyr a chyfeillion
I hulio llain dy fedd yn Ystrad-fflur.

Ond cwsg yn dawel, hen werinwr diwyd,
Rhown rug o Esgair Garn ar drum dy fedd;
Mae'r gaib, y rhaw a'r morthwyl mewn seguryd
A thithau dan yr amdo gwyn mewn bedd.

Boed iti dawel hun, di weithiwr gonest,
Dan ddaear laith hen erw lwyd y llan;
Boed iti dawel hun, cans ti gei goncwest
Ar rwymau'r ddwylath lethoer yn y man.

MARWNAD OWAIN AB URIEN

Enaid Owain ab Urien,
Gobwyllid Rheen o'i raid.
Rheged udd ae cudd tromlas,
Nid oedd fas i gywyddaid.
Isgell gŵr cerddglyd clodfawr,
Esgyll gwawr gwaywawr llifaid,
Cany cheffir cystedlydd
I udd Llwyfenydd llathraid.
Medel galon, gefeilad,
Eisylud ei dad a'i daid.

Pan laddawdd Owain Fflamddwyn
Nid oedd fwy nogyd cysgaid.
Cysgid Lloegr llydan nifer
Â lleufer yn eu llygaid;
A rhai ni ffoynt haeach
A oeddynt hyach no rhaid.
Owain a'u cosbes yn ddrud,
Mal cnud yn dylud defaid.
Gŵr gwiw uch ei amliw seirch
A roddai feirch i eirchiaid.
Cyd as cronnai mal caled,
Rhy ranned rhag ei enaid.
Enaid Owain ab Urien,
Gobwyllid Rheen o'i raid.

MAM

Wylais wrth weld ei chlai
Yn ei garchar pren,
Mor oer,
Heb gyffro bywyd na sirioldeb mwy.

Ffyddiog oedd llais yr Offeiriad,
'Efe a heuir mewn llygredigaeth
Ac a gyfodir mewn anllygredigaeth ...'

Ond oni welsom ni,
Trwy fisoedd ei chystudd,
Y gwyfyn yn datod
Ei hardderchowgrwydd
Yn difa'i deunydd?

Oni welsom y golau yn ei llygaid
Yn pylu ac yn diffodd?

Ac eto ...

Yn dwyn ei harch
Roedd ei hwyrion cyhyrog hi;
Meibion ei meibion oeddynt;
Ac onid ei gwaed hi
Oedd yn fwrlwm yn eu gwythiennau hwy?

A thu ôl i'w harch fudan,
Yn lluniaidd a theg,
Fel merched Jeriwsalem,
Y rhai a ddilladai Saul ag ysgarlad,
Cerddi ei hwyresau swil,
Sef plant ei phlant,
A'u plant hwythau.

A hwy fydd etifeddion y ddaear;
A hwy a fwriant had,
Ac a ddygant ffrwyth;
A llinynnau ei chadernid hi
A fydd arnynt.

Ac am ei bod hi'n wâr, a thrugarog a thriw,
Felly y byddant hwythau hefyd.
A bydd tiriondeb lle trigant,
A'r ddaear a flodeua'n ardd dan eu traed.

A bydd hi,
Y fwyn fam,
Yno yn ei chanol,
Yn briffordd a ffordd,
Yn ddolen â'r gorffennol,
Yn seren yn ffurfafen eu nos,
Yn ofal uwch pob crud newydd.

Ewch â'r arch i'r pridd,
A rhowch orffwys i'r cnawd cystuddiedig;
Ac nid wylaf mwy.

Canys
Y mae Mam yma o hyd
Yn ynni mawr yn ein mysg.

MARWNAD LLYWELYN AP GRUFFUDD

Oer calon dan fron o fraw – allwynin
    Am frenin, dderwin ddôr, Aberffraw.
      Aur dilyfn a dalai o'i law,
      Aur dalaith oedd deilwng iddaw.
Eurgyrn eurdëyrn ni'm daw, – llewenydd
    Llywelyn; nid rhydd im rwydd wisgaw.
Gwae fi am arglwydd, gwalch diwaradwydd;
    Gwae fi o'r aflwydd ei dramgwyddaw.
Gwae fi o'r golled, gwae fi o'r dynged,
    Gwae fi o'r clywed fod clwyf arnaw.
Gwersyll Cadwaladr, gwaesaf llif daradr,
    Gwas rhudd ei baladr, balawg eurllaw.
Gwasgarawdd alaf, gwisgawdd bob gaeaf
    Gwisgoedd amdanaf i amdanaw.
    Bucheslawn arglwydd ni'n llwydd yn llaw,
    Buchedd dragywydd a drig iddaw.
    Ys mau lid wrth Sais am fy nhreisiaw,
    Ys mau rhag angau angen gwynaw.
Ys mau gan ddeunydd ymddifanw – â Duw,
      A'm edewis hebddaw.
    Ys mau ei ganmawl heb dawl, heb daw,
    Ys mau fyth bellach ei faith bwyllaw.
Ys mau i'm dynoedl amdanaw – afar;
    Canys mau alar, ys mau wylaw.
    Arglwydd a gollais, gallaf hirfraw;
    Arglwydd tëyrnblas a las o law.
Arglwydd cywir gwir, gwrandaw – arnaf
    Uched y cwynaf; och o'r cwynaw!
      Arglwydd llwydd cyn lladd y deunaw,
      Arglwydd llary, neud llawr ei ystaw.
Arglwydd glew fal llew yn llywiaw – elfydd,
    Arglwydd aflonydd i afluniaw.

Arglwydd canadlwydd, cyn adaw – Emrais
    Ni lyfasai Sais ei ogleisiaw.
Arglwydd, neud maendo ymandaw – Cymry,
    O'r llin a ddyly ddaly Aberffraw.
        Arglwydd Grist, mor wyf drist drostaw,
        Arglwydd gwir gwared i ganthaw:
    O gleddyfawd trwm tramgwydd arnaw,
    O gleddyfau hir yn ei ddiriaw,
    O glwyf am fy rhwyf y sy'm rhwyfaw,
    O glywed lludded llyw Bodfaeaw,
Cwbl o was a las o law – ysgeraint,
    Cwbl fraint ei hynaint oedd ohonaw.
Cannwyll tëyrnedd, cadarnllew Gwynedd,
    Cadair anrhydedd, rhaid oedd wrthaw.
    O laith Prydain faith, Gynllaith ganllaw,
    O ladd llew Nancoel, llurig Nancaw,
Llawer deigr hylithr yn hwyliaw – ar rudd,
    Llawer ystlys rhudd â rhwyg arnaw;
    Llawer gwaed am draed wedi ymdreiddiaw;
    Llawer gweddw â gwaed i amdanaw;
    Llawer meddwl trwm yn tonwyaw;
    Llawer mab heb dad gwedi'i adaw;
Llawer hendref fraith gwedi llwybr goddaith,
    A llawer diffaith drwy anrhaith draw.
Llawer llef druan fal ban fu Gamlan,
    Llawer deigr dros ran gwedi r'greiniaw.
    O leas gwanas, gwanar eurllaw,
    O laith Llywelyn cof dyn ni'm daw.
    Oerfelawg calon dan fron o fraw,
    Rhewydd fal crinwydd y sy'n crinaw.
    Poni welwch-chwi hynt y gwynt a'r glaw?
    Poni welwch-chi'r deri'n ymdaraw?

Poni welwch-chwi'r môr yn merwinaw – 'r tir?
   Poni welwch-chwi'r gwir yn ymgyweiriaw?
Poni welwch-chwi'r haul yn hwylaw – 'r awyr?
   Poni welwch-chwi'r sŷr wedi r'syrthiaw?
  Poni chredwch-chwi i Dduw, ddyniadon ynfyd?
   Poni welwch-chwi'r byd wedi r'bydiaw?
Och hyd atat-ti, Dduw, na ddaw – môr dros dir!
   Pa beth y'n gedir i ohiriaw?
   Nid oes le y cyrcher rhag carchar braw;
   Nid oes le y triger; och o'r trigaw!
Nid oes na chyngor na chlo nac agor,
   Unffordd i esgor brwyn gyngor braw.
      Pob teulu, teilwng oedd iddaw;
      Pob cedwyr, cedwynt adanaw;
      Pob dengyn a dyngynt o'i law;
      Pob gwledig, pob gwlad oedd eiddaw.
   Pob cantref, pob tref ŷnt yn treiddiaw;
   Pob tylwyth, pob llwyth y sy'n llithraw;
   Pob gwan, pob cadarn cadwed o'i law;
   Pob mab yn ei grud y sy'n udaw.
   Bychan lles oedd im, am fy nhwyllaw,
   Gadael pen arnaf heb ben arnaw.
      Pen pan las, ni bu gas gymraw;
      Pen pan las, oedd lesach peidiaw.
      Pen milwr, pen moliant rhag llaw,
      Pen dragon, pen draig oedd arnaw.
Pen Llywelyn deg, dygn o fraw – i'r byd
      Bod pawl haearn trwyddaw.
      Pen f'arglwydd, poen dygngwydd a'm daw;
      Pen f'enaid heb fanag arnaw.
Pen a fu berchen ar barch naw – canwlad,
      A naw canwledd iddaw.
   Pen tëyrn, hëyrn heaid o'i law,
   Pen tëyrnwalch balch, bwlch ei ddeifnaw.

Pen teyrnaidd flaidd flaengar ganthaw.
Pen teyrnedd nef, Ei nawdd arnaw.
Gwyndeyrn orthyrn wrthaw, – gwendorf gorf,
Gorfynt hynt hyd Lydaw.
Gwir freiniawl frenin Aberffraw,
Gwenwlad nef boed addef iddaw.

CERDD YR HEN CHWARELWR

Bachgen dengmlwydd gerddodd ryw ben bore,
  Lawer dydd yn ôl, i gwr y gwaith;
Gobaith fflachiai yn ei lygaid gleision
  Olau dengmlwydd i'r dyfodol maith.

Cryf oedd calon hen y glas glogwyni,
  Cryfach oedd ei ebill ef a'i ddur;
Chwyddodd gyfoeth gŵr yr aur a'r faenol
  O'i enillion prin a'i amal gur.

Canodd yn y côr a gadd y wobor,
  Gwyddai deithiau gwŷr y llwybrau blin;
Carodd ferch y bryniau, ac fe'i cafodd,
  Magodd gewri'r bryniau ar ei lin.

Neithiwr daeth tri gŵr o'r gwaith yn gynnar;
  Soniwyd am y graig yn torri'n ddwy;
Dygwyd rhywun tua'r tŷ ar elor,
  Segur fydd y cŷn a'r morthwyl mwy.

AR YMWELIAD

Daeth heddwch i'w lwyr gyfannu erbyn hyn, mae'n siŵr,
a throi'r tŷ clwyfus yn gartre llawenydd drachefn;
pe gallwn ddychwelyd ryw gyfnos gaeaf
a cherdded eto drwy'r eira mud y lôn ddi-stŵr
i'r man lle bûm, byddai'n dro mewn amser a threfn
newydd, ac nid adwaenwn fyd mor ddieithr â'r haf.

Ac efallai mai breuddwyd ydoedd, pan gurais wrth ddrws
trahaus ers talwm: daeth y Barwn ei hun i'w agor
a rhythu'n gwrtais ar fy ngwisg milwr:
'A, *mon capitaine, mille pardons,* dewch i mewn ar ffrwst
rhag y lluwch: diriaid yw'r dyddiau, a hyd nes yr elo'r
aflwydd heibio, di-lun fai croeso'r moesgaraf gŵr.'

Y gwir a ddywedai: rwy'n cofio y pwysai'r tŷ
uwch cwm serth a dirgel gan binwydd tywyll, ar lethr glaer,
yn blasty heb hud hynafiaeth, o gerrig
llwydion nadd, cadarn fel ystum bendant un a fu
ar feini'n breuddwydio, nes gwirio'i freuddwyd yn gaer
a theml i'w galon gyfrin rhag y duwiau dig.

Cerddais dros drothwy gwesteiwr anfoddog felly.
'Clywais y bu,' ebr ef, 'yn y bryniau frwydr faith
mewn storom eira dridiau bwy gilydd:
gorffwys a fyn buddugwyr drycin a dyn, a lletty
i'r lluddedig: ond, syr, gwae ni o'r graith
a gawsom ninnau, a'r fflangell wybrennol i'n ffydd.

Rhyfel nid erbyd heddiw mo'r diamddiffyn dlawd:
o'r awyr bell daw'r difrod dirybudd yn hyrddiau
o ddur a thân mwy deifiol na ffrewyll
Duw dialedd. A fynnech chi weled cellwair ffawd
â phob hawddgarwch?' Trodd yn ddi-serch at y grisiau
a'm galw i'w ganlyn i fyny yn yr hanner gwyll.

Trwy'r ffenestri eang di-wydr, brathai'r dwyreinwynt
a chwydu plu'r eira ar garped a drych a chist:
ar gwrlid drudfawr y gwely, taenwyd
amdo anhygar y gogledd gwyn a pharlys y rhewynt.
Mor isel y deuai griddfan y gŵr i'm clyw: '*C'est triste!*'
Trist! O stafell i stafell chwyrlïai'r malltod llwyd.

Ond meddwn innau, 'Awn i'ch stafelloedd byw.' Mewn ing
edrychodd arnaf, a throi heb air, a'm tywys ymaith
yn ôl i'r grisiau noeth a'r neuadd. Mydrai
yn awr f'esgidiau ar y llawr coed drymder dreng,
ond ysgafn y camai ef mewn urddas digydymaith,
unig, fel claf anhyblyg a fyn farweiddio'r clai.

Pan agorodd y drws di-sylw, llamodd y lleufer
llon i'n cofleidio, a'r gwres i'n hanwesu: o'i sedd
esmwyth ger y tân haelionus, cododd
gwraig yn syn, a gloywai arnom lygaid llawn pryder,
a 'Madam', ebr f'hebryngydd, 'boed lawen dy wedd;
milwr sydd yma, dieithryn a gais, nid o'i fodd,

loches gennym i'w flinder.' Plygodd hithau'i phen
ond ni ddywedodd ddim. Rwy'n cofio bod delw'r Crist
ar y mur yn crogi trwy'r tawelwch:
yng ngolau'r fflam lamsachus, tywynnai, gwelwai'r pren
fel pe bai'r gwaed yn hercian o'r galon ysbeidiol, drist.
Ac yna gwelais y piano pert, a'r llyfrau'n drwch

blith draphlith ar ei do. Yn biwis, chwiliais eu chwaeth;
a gwenu; 'Rhamantydd ydych, Madam, mi wela' i'n awr;
Liszt – a Chopin: rhwng Ffrainc a Phwyl bu llawer
cynghrair, mi wn: ni pherthyn i fiwsig ffiniau caeth
dadrith ein daear ni.' A gwelais y dagrau mawr
yn ei llygaid hi'n cronni, fel llenwi llyn a sêr.

O'r ffŵl anhyfedr na welswn mo'u cyfrinach! Ef
a lefarodd gyntaf. 'Fy nghyfaill, maddeuwch i ni
ein moes ansyber; galarwyr ydym
am na ddaw'r cerddor mwy, byth mwy yn ôl tua thref;
ni fynnem rannu'n poen â neb.' Safem yn fud ein tri,
nes i'r gŵr droi at y piano fel pe'n herio'i rym.

Am ennyd, eisteddodd yno, ar wylaidd weddi
cyn cyrchu'r gerdd: yna llifodd y miwsig graslon
o'i law, yn breliwd a dawns a chân mor chwerw brudd,
mor llawen ddiofal mwyn a llawn tosturi
nes suo'r sain yn gymundeb lle rhodiai angylion
gan freinio'n briw a gosod ein horiau caeth yn rhydd.

EI FEDDARGRAFF EF EI HUN

Carodd eiriau cerddorol, – carodd feirdd,
    Carodd fyw'n naturiol;
   Carodd gerdd yn angerddol:
   Dyma ei lwch, a dim lol.

MARWNAD FY NGHEFNDER, WILLIAMS EMRYS WILLIAMS

Ar hanner dydd dros y ffôn
Daeth y newydd am bwl ar y galon.

Pan ganodd y gloch
Roedd hi fel ofn yn groch
Oherwydd o ymylon anwybod
Cyn codi'r ffôn daeth rhagwybod
Mai neges am William ydoedd.
Ac felly yr oedd.

Ychydig dros awr wedyn
Canodd ail gloch y terfyn.

Wrth fwrdd cinio'r Sadwrn hwnnw
Bu'n rhaid ceisio esbonio marw,
Ceisio dweud beth ydi o.

Mynd o'r naill du i guddio dagrau
Rhag taflu i wynebau'r hogiau
Greulondeb angau
A dod yn ôl i ddannedd cwestiynau.

'Yncl William,
Ydi o wedi cael coes bren rŵan?'
Fe dorrwyd ei goes
I geisio arbed ei einioes.
''Fydd arno ddim o'i heisio.'

'Gawn ni fynd i'w weld o?'
'Ddim yno. Wedi marw.
Mae o wedi marw.'

'Ble mae o?'
'Ymhell.'
'Wedi mynd at Iesu Grist?
Wedi mynd i'r awyr?'
'Wedi mynd yno.'

'A'r esgyrn yn y ddaear.
A! Ysbryd ydi o!
Dyna ydi o?'
'Ysbryd. Ie.'
''Dydi ysbryd byth yn brifo,
Yn nac'di?'
'Nac'di.'

Distawrwydd. Pigo bwyta.

'Mae'r sosejys 'ma'n dda.' Saib. Yna eto,
'Pam nad ydyn nhw ddim yn syrthio?'
'Ddim yn syrthio? Pwy?'
'Y bobol 'ma yn yr awyr.
Pam nad ydyn nhw'n syrthio o'no?'
''Dwn 'im.' Hwy'n bwyta eto.

''Chawn ni ddim mynd i'w dŷ fo felly,
Achos 'tasan ni'n curo ar y drws
Pobol ddiarth fasa yno.'
'Dyna fo.'

Dyna fo.
Ddim yno.
Daear arno,
Ddim yno,
Ddim yma;
Ddim yn unlla,

Ddim yn unlla yn y bywyd hwn
Byth eto.
Byth eto.
Byth mwy.

Y TRO OLAF

(er cof am fy nghefnder Stanley Hughes)

Hâst, anhawster parcio,
Cyfyngder trofaus y ffordd,
'Mi gwela i o eto,'
A barodd i mi beidio â stopio
Y dydd hwnnw, yn fan'no,
Ym Mhont y Pant.
Codais fy llaw a phasio.

Pa fodd oedd imi wybod
Mai hwnnw fyddai'r tro diwethaf un
Imi weld fy nghefnder yn fyw?
Fel llun y mae o yno
Yn fy meddwl, â'i ddwylo
Yn llawn o lyfrau, ac yntau
Ar fin mynd trwy rhyw lidiart,
Wrth ei waith
Yng ngwasanaeth teithiol y llyfrgell.

Bellach nid oes modd i mi fynd heibio
Y fan ym Mhont y Pant heb gofio
Stanley yn fan'no, wrth lidiart tragwyddoldeb,
Ac mai honno oedd ennyd olaf
Ein cydfod yn y cnawd
Mewn byd o amser.

AWDL GOFFA AM EI FERCH

Och gur! pwy fesur pa faint
Yw 'nghwyn mewn ing a henaint?
At bwy trof yn fy ngofid
A chael lle i ochel llid?

Angau arfog, miniog, mawr,
Ar ei gadfarch ergydfawr,
Wele yma carlamodd,
A'i rym ar egni a rodd.
Torrodd i lawr drwy fawr feth
Ein diddig unig eneth,
A mynnodd hwnt o'n mynwes
Enaid a llygaid ein lles ...

Dwfn guddiwyd, ataliwyd hi,
Y man na welwyf moni.
Llwch y llawr, yn awr, er neb,
Sy heno dros ei hwyneb.
Nid oes wên i'w rhieni
Ar ei hôl, er nas gŵyr hi.

Ymholais, crwydrais mewn cri; – och alar!
      Hir chwiliais amdani;
   Chwilio'r celloedd oedd eiddi,
   A chwilio heb ei chael hi ...

Och arw sôn, ni cheir seinio – un mesur
      Na miwsig piano;
   Mae'r gerdd annwyl yn wylo,
   A'r llaw wen dan grawen gro.

Ochenaid uwch ei hannedd – a roesom;
      Mae'n resyn ei gorwedd;
   Lloer ifanc mewn lle rhyfedd,
   Gwely di-barch, gwaelod bedd.

O GOFADAIL!

Mae'r gwynt bob amser yn fain
wrth y gofeb hon;
ac mae nâd-fi'n-angof mis Mai
fel pabi mis Tachwedd
o hyd yn dewino dagrau tua'r llechen orlawn.

Ond llymach na'r degawdau a'r gaeafau
ydi'r ffordd y mae llanciau
â'u llafnau olwynog
yn gwneud eu triciau o gylch y groes hynafol;
eu hieuenctid yn llusgo, yn troelli
ac yn sglefrio dros ein doeau ni,
gan oddiweddyd ein galar ar sgêts.

Ac i mi, sydd yma o hyd yn mynnu cofio,
dyna'r rhwyg, hogia'.

PWDIN DOLIG

(er cof am y newyddiadurwr John Roberts Williams,
a fu farw Hydref 2004)

Dros ei sbectol, bob Dolig,
yn nyddiau'i wên a'i boen ddig,
hen ŵr ddôi i'r gegin hon
i anwesu'r cynhwysion
ac, yn y fan, gweini'i faeth
yn bwdin o wybodaeth.

Wedi oes o fwydo'i iaith
yn seiniau blasus uniaith,
oes o bwyso ei sbeisys,
mesur blawd rhwng bawd a bys,
nid oedd y stori'n dyddio
owns a gram o'i siwgwr o;
a'i iaith mor bur ei ffrwythau,
berwi hwn fynnai barhau,
am mai'r wy oedd Cymru rydd
a'i fenyn oedd Eifionydd.

Yng nghegin y werin hon
heddiw, llosgodd newyddion:
ni ddaw ei phencogydd hi
i lanw'n desgyl 'leni.
Yn newydd hen, o'n bwrdd aeth
ei bwdin a'n gwybodaeth.

STAFELL GYNDDYLAN

Stafell Gynddylan ys tywyll heno,
   Heb dân, heb wely;
    Wylaf wers, tawaf wedy.

Stafell Gynddylan ys tywyll heno,
   Heb dân, heb gannwyll:
    Namyn Duw pwy a'm dyry pwyll?

Stafell Gynddylan, neud athwyd heb wedd,
   Mae ym medd dy ysgwyd;
    Hyd tra fu ni bu dollglwyd.

Stafell Gynddylan ys tywyll heno,
   Heb dân, heb gerddau;
    Dygystudd deurudd dagrau.

Stafell Gynddylan, a'm gwân ei gweled
   Heb doed, heb dân;
    Marw fy nglyw, byw fy hunan.

Stafell Gynddylan, a'm erwan pob awr
   Gwedi mawr ymgyfrdan
    A welais ar dy bentan.

Y PREN DAEAR

(er cof am Mrs Catrin Roberts, Rhosgadfan,
mam Dr Kate Roberts)

Hi garai ffridd a geiriau ffraeth, – carai
    Bob cywrain saernïaeth;
    Yn ei llyfr câi win a llaeth –
    Rhiniol waddol llenyddiaeth.

Rhodiodd dan hau direidi, – a rhywfodd
    Trwy ofid a ch'ledi;
    Ond daeth barn rhyfel arni
    A chynnau tân â'i chnawd hi.

Dyfnder gwae y pren daear – a wybu,
    A'i obaith hir-fyddar;
    Ni chudd oes ei buchedd wâr
    Na beddgist ei byw hawddgar.

ER COF

(Dr Kate Roberts, 1891–1985)

Fe fûm i unwaith yn Rhosgadfan,
am fod lôn wen dy lên
wedi ymestyn dros y milltiroedd cymhleth
o Wynedd i Ddyfed;
ac wedi,
        fel y gwna geiriau,
cyrraedd, dros y Mynydd Du, i Frynaman.

Ac ar yr hewl honno,
ei hwyneb yn gadarn fel dy grefft,
a'i seiliau yn solet fel dy sêl,
fe deithiais,
o gwm du hen gymdogaeth lo
hyd at erwau dieithr y crindir
a fowldiodd foelni dy ryddiaith;
gan synnu yn y diwedd
fod gwair a cherrig, fel llafariaid a chytseiniaid,
mor debyg i'w gilydd yn y gogledd a'r de.

Buost yn athrawes i'm harwr,
y bachgen o'r Allt-wen, yn ysgol Ystalyfera,
ac yn arwres i'm cyfaill llwyd o Gefn-bryn-brain;
ond heb yn wybod i ti buost yn fy nysgu innau,
am y caledi
        sy'n dal i lynu
wrth y pridd fel llechi a glo,
ac am y geiriau sy'n goresgyn pob poen;
y sillafau, y seiniau a'r rhythmau
sy'n gynnwrf yn y gwythiennau,
sef, yr honno,
        fel y gŵyr pob athrawes o waed gwydn,
yr un a adnabuom fel yr iaith Gymraeg.

MARW SAUNDERS LEWIS

Mawredd nid anrhydeddir – yn ei ddydd
A'i ing, ac ni folir
Un a gais fegino'r gwir
I farwydos ei frodir.

Daw'r llif i draeth amddifad – y werin
Na ŵyr ei gorchfygiad
Ei hun mewn rhyw lun o wlad
Heb ddoe a heb ddyhead.

Arweinydd heb wŷr enwog, – y milwr
Ym mhalas y bradog;
Dôi i'w oes yn dywysog
Heb orsedd, heb gledd, heb glog.

Araf y treigla ceyrydd – ei Gymraeg
Ym môr oer ein hwyrddydd;
Wylo mae bro drwy'i nos brudd
A'i hil lwyd heb wyliedydd.

FFARWELIO

(er cof am Dilys)

Nid wrth erchwyn gwely y mae ffarwelio,
yn yr oriau cryf,
a'r stafell megis yn goleuo
gyda diolch olaf, gwasgu llaw,
y ffeirio einioes mewn ennyd o edrychiad;

nac ychwaith yn 'dring dring' yr angau pell,
a'r llais bach
yn hercian brawddegu,
a'r dagrau'n codi goslef ambell sill ...

Nid mewn c'nebrwng tŷ y mae ffarwelio,
a chwiban y gwynt
rhwng dannedd y drws,
a'r arch yn y lobi
yn barod at ei thaith;

nac ychwaith ar lan y bedd,
a geiriau'r gweinidog
yn ymladd â'r ddrycin
wrth geisio tawelu'r storm oddi fewn ...

Ddoe,
heddiw,
ac yfory eto
y mae ffarwelio;

yn y crio sydd yn codi pwys;
yn y galar hir
fel stwmp ar stumog,

y rhannu atgofion fel bara brith
sy'n briwsioni rhwng ein bysedd;

yn yr hiraeth mawr a chreulon;
ond gwisgwn ein tynged fel coron …

ER COF AM EURYL GRIFFITHS, BRYN-GLAS, CRAIG-CEFN-PARC

Cwm cul ydyw Cwm Clydach
â'i awyr yn fudur fach
pan fydd Tachwedd, fel heddiw'n
glawio nes llwydo pob lliw,
a'r coed yn cario codwm
gwythiennau'n cau hyd y cwm.

Awn yn y glaw o Fryn-glas
am mai hon yw'r gymwynas
olaf un i Euryl fach:
dilyn ei harch drwy'r deiliach;
a hewl wag yw Hewl Fagwr,
yn ddail o'n holau, yn ddŵr.

Pam glaw trwm yn y cwm cul?
Pam marw'r dail? Pam Euryl?
Tro garw yw'r trugaredd
mwya'n bod, a hi mewn bedd:
yr haul yn naear Elim.
Tachwedd yw diwedd pob dim.

Os oes nef (a synnwn i),
mae hi yno, mi wn-i'n
siarad a sipian sieri,

yn ei harddwch a'i hurddas,
yn mynnu gwneud cymwynas,
y golau haul o Fryn-glas.

MARWNAD GALAR

Mae galar wedi marw,
bu bloedd a halibalŵ
a llond trol o orfoledd
ei bod wedi mynd i'r bedd.

Mae'r beirdd drwy Gymru ar ben,
a diwedd mud i'w hawen
nawr fod galar 'di marw.

Mi ddaw'n ei hôl, medden nhw.

CERDD GOFFA RYAN

Nid yw Aman yn canu
Ei halaw bert fel y bu.
I gornel dwys o'r Garnant
Dygwyd aur colledig dant
Talent wedi tawelu
A'i beraidd donc i bridd du.

Y clown aeth i'n calonnau,
Craff a brwd er y corff brau;
Y wên fawr ar ddwyrudd fain
Ein harwr, a'i winc gywrain
A hiwmor oedd yn morio
Yn ei wg a'i wenau o.

Ryan a'i gyffro ewig
A'i naid hir i brofi'r brig.
Un llawn gyda'i ddawn doniol,
Berwai o hwyl ymhob rôl
Hen wàg lle bynnag y bu
A'i fawredd mewn difyrru.

Mae'r golomen lwyd heno?
Yn ei phig hi aeth ar ffo
Â deilen ir hudolus
I afael hwyl gwynt fel us.
Lle unig ydyw'r llwyni
A'r llofft o bellterau'r lli.

Nid oes wefr heddiw'n dwysáu
Hyder a nwyd i'r nodau.
Mwy, o dâp neu ffilm y daw
Hudoliaeth ffrwd ei alaw
A'i hacenion yn cynnal
Awch a hoen atgofion chwâl.

Gwron y sgrin is y gro
Ni ddaw o'i stad ddi-stiwdio
Am un encôr drwy'r ddôr ddu
A'i ddewinol ddiddanu.
Wylwn, wylwn ei gilio,
Ni ddaw hwyl – llonydd yw o.

T. LLEW JONES

ER COF

(er cof annwyl am Dilys, Argoed Isaf, Bryngwenith, a fu farw yng
Nghymanfa Ganu'r Urdd yn Llandysul, 1964, yn wyth oed)

Dilys, fy mechan annwyl,
Mor iach yn llamu i'r ŵyl;
Wrth fyned – deced â'r dydd
Ei gwên hi a'i gŵn newydd.

Hwyr y dydd ni throes o'r daith
Dilys i Argoed eilwaith;
O'r ysgariad ofnadwy!
Mae'r Angau mawr rhyngom mwy.

Distaw dan y glaw a'r gwlith
Yw y gân ym Mryngwenith,
Difai wyrth ei phrydferthwch
Yma'n y llan roed mewn llwch,
A gwae fi, mor ddrwg fy hwyl,
Blin heb fy nisgybl annwyl;
Harddach na blodau'r gerddi –
Fy Nilys ddawnus oedd hi.

I'w hoergell aeth o Argoed
Ddiniweidrwydd wythmlwydd oed,
A gadael ar wag aelwyd
Yn ei lle yr hiraeth llwyd.

Awn ni'n hen, dirwyna'n hoes,
Dihoeni yw tynged einioes.
Daw barn ein hoedran arnom
A theimlo saeth aml i siom.

110

Erys hi fyth yn ifanc,
Llon ei phryd, llawen ei phranc,
Yn ein co'n dirion a del.
Nos da, fy Nilys dawel!

MARWNAD FY MAM

Hedd i ing, dygodd Angau
un wych o'i phoen i'w choffáu,
un oedd ffynnon rhoddion rhwydd
dagrau a charedigrwydd.

Rhag angen, byddai'n denu
adwyth ei thylwyth i'w thŷ;
gwyrai i'w briw ger ei bron
anocheledd ei chalon.
Ninnau ei phlant, dan ei phlyg,
heb oer ofyn, heb ryfyg,
denem ddieithriaid yno,
caent gegin i'w trin bob tro.
A deuent hyd y diwedd
i glywed a gweled gwedd
glân chwedleua diwahardd
ei hwyneb dihareb hardd.

Y fenyw hawdd, fonheddig.
da oedd, wrth weddw-dod, ei dig.
Cawsom ynddi hi a Nhad
ddau yn wiw ddiwnïad;
o'i gnul ef yn ganol oed,
cafodd y galar cyfoed
einioes hwy, ac o dan sêl
letya'n wylo tawel
yn nos gudd ei mynwes gaeth,
mynwes trysores hiraeth.

Yna i'w thŷ, a hithau'i hun,
daeth nihilaeth hen elyn,
gwestai'n mynnu hir gystudd
a llunio'i rent oll yn rhydd.

Âi â'i chân o hyd i'w chwrdd,
i'w chapel fel i'w chwpwrdd,
a charai yn iach wyrion
â chariad diwellhad llon.
Ac er nad yr un un oedd,
lawn addurn ein blynyddoedd,
yn ei chŵyn, yn ei chanu,
yr oedd y fam rwyddaf fu,
un oedd ffynnon rhoddion rhwydd
dagrau a charedigrwydd.

Hedd i ing, dygodd Angau
un wych o'i phoen i'w choffáu.

BEDD HEDD WYN DAN YR EIRA

(Pilkem, Pasg 1994)

Mor frau dros yr erwau hyn yw'r heddwch
    sydd ar heddiw'n disgyn,
  er hynny, fesul gronyn
  roedd yno hedd, roedd yn wyn.

ER COF AM ANWEN TUDU

Wrth i'r ddaear gydalaru â'r môr,
    mae hedd Anwen Tudu
  tu draw'r teid a'r tywod du
  yn hedd sy'n aflonyddu.

WRTH FEDD FY MRAWD

Nid y fo yw'r diweddaraf bellach.
Daeth rhagor yn eu tro i orwedd
o dan arolygon tymor hir
o wynt a heulwen a glaw.

Mi welaf innau o fan hyn y siop
sydd wedi cau ers tro;
eglwys – hen, hen eglwys – capel;
Llys Awel, ein tŷ ni, lle mae eraill
bellach yn byw; a heibio'r tŷ,
Lôn Fain, a'i hwyneb yn dyllau
ac yn raean i gyd.

Atgofion chwys a gwaed a mwyar duon.
Synau antur newydd bore braf,
a'r llusgo'n ôl gan oglau
addewid hwyr o swper.

Roedd hi'n llawn gan addewidion: am y Ceunant,
am y Fron a'r Ferwig, am y Garn ei hun.
Y copaon pell …

Ond yma, heddiw, dan fy nhraed,
daw'r sylweddoliad nad y fo,
fy mrawd bach,
yw'r diweddaraf bellach.

1962

(blwyddyn marw Llwyd o'r Bryn, Bob Owen a Dr Tom Richards)

I gegin gefn y genedl daeth y beili-bwm
Eleni, a chymryd peth o'r celfi gorau;
Bellach pa ryfedd fod y lle mor llwm, mor llwm
A'r gwacter yn dieithrio rhwng y ffenestri a'r dorau?
Mynd â'r celfi gwerinol plaen, rhai glân fel y pin,
A rhyw dwtsh gwahanol iddynt o ran eu gwneuthuriad
(Fel pe na bai eu bath eisoes yn ddigon prin
I wneud i'r galon golli curiad).
Y ddresel o Gefnddwysarn, o bethau gwledig yn llawn –
Y pethau sy'n ddiddorol fel pob dim a oroeso'r
Canrifoedd; a'r ddwy gist drystiog â'u hanes yn hen iawn,
Y naill wedi dod o Daliesin a'r llall o Groesor.
Y Beili Angau, a ddaethost yma fel chwalwr
Am iti glywed bod y genedl wedi mynd yn fethdalwr?

BETI

Whilo amdani o'n i …

Tan yn dd'weddar, do'dd 'da fi
ddim llefeleth am 'i bodoleth hi.
Ond pwy ddiwrnod,
fe glywes i swae am hunlle'r dishgwl
ac ing 'i hangla' annhymig …

Mentro trw'r clwydi, o'r diwedd.
Whilo'n wyllt o fedd i fedd
fel dieithryn yn dilyn map,
er mor gynefin yr enwe …
Parc y Lan, Shiral, Penlangarreg a'r Cnwc.
A fan'ny o'dd hi.
Beti. Plentyn Gwyn a Gwen.

Enw ar ffiol flode wag
heb sôn am na dydd 'i geni na'i marw.
Dim byd ond dybryd sain.

Fe wydde duwie bach y sêt fowr
y cwbwl am dorri rheole
ac am dorri mas.
Galw pwyllgor codi-dwylo,
a'r ddedfryd yn unfrydol – diarddel dwy.

Fe heries i'r duwie
wrth arddel y ddwy,
'yn wha'r a'i mam,
â fflam o flode.

UNIG FERCH Y BARDD

Mae cystudd rhy brudd i'm bron – 'r hyd f'wyneb
    Rhed afonydd heilltion;
   Collais Elin, liw hinon,
   Fy ngeneth oleubleth lon!

RYAN

Ryan dan raean! Trist tonnau'r awyr.
Rhoi clo mudandod ar dafod difyr
Y glöyn ha' wron a'r galon eryr
Ac actor i osteg y gwacter ystyr;
Ond dawn y boi tene, byr, ddaw ganwaith
I'n brifo â'i afiaith mewn cics byrfyfyr.

ENWAU ODDI CARTREF

Weli di draw wastadeddau Ffrainc?
   Weli di'r coed a'r nentydd?
Ac ar oleddau esmwyth y wlad,
   Weli di'r llu mynwentydd?

Tyred yn nes trwy'r distawrwydd mawr:
   Weli di'r rhesi hirion
O gerrig gwynion wrth reol a threfn?
   Weli di'r blodau tirion?

Ac eto'n nes, gwylia dy droed,
   Darllen yr enwau'n dawel,
Canys enwau dieithr ŷnt i gyd –
   Dieithr i'r fro a'r awel.

Enwau ardaloedd yng Nghymru bell,
   O bentir Môn i Benfro:
Pob Llan ac Aber o Ddyfrdwy i Daf –
   Yma mor bell o'u henfro.

Cludwyd hwy yma tros fôr a thir
   Wrth sŵn y corn, heb ofnau;
Ac arnynt y tery'r haul a'r gwynt
   O, lyfnion, fud golofnau!

Glywi di rywrai dawelwyd gynt
   Ym mrad y rhyfel trymru
Yn dweud yr hoffent ddod gyda thi
   Â'r enwau adre i Gymru?

ENNIS

Anwylyd, nid wy'n wylo
â gor-wae a thi'n y gro.
Heno, ferch, wyt wyn dy fyd,
heb feichiau, heb afiechyd.
Trwy risialfor clodforedd
mwynha dy nofio mewn hedd.

O gofio cur gaeaf caeth
meiriolwyrth oedd marwolaeth.
Y dwthwn hwn daeth i ni
arwydd o'r maglau'n torri,
a myn dy fam a minnau
nad oes a all ein dwysáu.

Buost yn fwy na'n bywyd,
yn y bôn ti oedd ein byd.
Aeddfed dy ddoniau buddfawr,
ond mwy oedd dy enaid mawr.
Da yw aria o ferroes –
nid ei hyd yw hanfod oes.

Ni wybu dy allu di
reolau cymedroli;
am hyn anelaist ymhell
nid am dda ond am ddeuwell.
O raid brasgemaist ar ôl
rhagorach na'r rhagorol.

Â'i hyrddwynt, daeth i'r hirddydd
nychdod i dduo dy ddydd;
o wynebu anobaith
ar fôr dwfn rhy hir fu'r daith.
Tonnau eigionau dy gur
dystiai am fyd didostur.

Pan fyddo'r storm yn ormod
a byw mor ddiflas â bod,
dyn biau gadwyn bywyd
a'r hawl i'w thorri cyn pryd.
Arwydd o wawr a rhyddhad
i hedd yw hunanladdiad.

Profiadau dy angau di
a edrydd am wrhyrdi,
a'r ffarwél heb ffarwelio
yw'r cur sy'n meddiannu'r co'.
Dy arfaeth ydoedd darfod,
llwyddo i beidio â bod.

Dyner un, croesaist yn rhwydd
o ddagrau i ddiddigrwydd,
o ddyddiau dy ddioddef
a drain oes i Dir y Nef.
Uwch yr ofn yn hardd a chry'
tywyswyd di at Iesu.

Trwy ras Ei Drefn nid dros dro
y tawelwyd dy wylo,
a rhoed yn dringar wedyn
ennaint Duw ar fethiant dyn.
I ffydd mor gelfydd yw'r gwaith
o bereiddio dy bruddiaith.

Cenais am huno cynnar,
am drasiedi colli câr.
Gwn am sugn-draeth dy gyni
ond er hyn, tyrd, esgyn di
o oes fer, fy Ennis fach,
i ieuangoed ehangach.

I DYL MOR

Nid yw'r Cawr yn llawr y Llan. – Nid yw'n fud,
    O dan faen a lluman;
   Daw'r llais hawddgar yn daran
   Heibio i mi ym mhob man.

Bobman lle nad oes canu,
Na genod teg yn y tŷ,
Na hen ŵr mwyn yn rhoi i mi
Achau'r hen do fel llechi,
Na holi barn tafarnwr,
A chael triban gan y gŵr ...
O'r heolydd o rywle,
Daw'r llais yn dyner drwy'r lle.
Daw'n Aran o dynerwch;
Ni all llais ddiflannu'n llwch,
Na hanner ha' o wyneb
Ddylu'n niwl ym meddwl neb.
Y byw hwn ar dalar bod,
Aeth yn obaith o'i nabod.
A heno'n Sir Feirionnydd,
Yn Llanuwchllyn, derfyn dydd
A'i chwys, oni welwch chi
Ei wregys yntau'n crogi?
Coelier y sêr dros Aran!
Nid yw'r Cawr yn llawr y Llan.

WRTH FEDD ROBIN

(Robert John Edwards, Hendre Gwalia, Llanuwchllyn)

Haul Ionawr yn cilwenu, – a haen oer
    Hen eira'n caledu;
  I lannerch y trawsblannu
  Daw'r lliwgar i'r ddaear ddu.

Hwn mewn cloeon yn llonydd? – Yn ei hoen
    Taniai her hyd hewlydd;
  Dôi â rhuad ar drywydd,
  Cân fetel drwy'r awel rydd.

A hwn yw'r un a daranai – i ras
    A fflach draig i'w lifrai;
  Rhoes hirnych frêc ar siwrnai
  Ynysu hir pan nosâi.

Y llais hwn! Arllwysai unwaith – yn dân
    Ar gildynnus gamwaith
  Â thaeraf fin llythyriaith!
  I ro mud daeth larwm iaith.

Mae y ffraethair enweiriwr – a welais
    Yng Nghelyn uwch glasddwr?
  Mae y llesg, ddigymell ŵr,
  Y gwên-siriol gonsuriwr?

Anedifar edefyn – a ddaliai
    Yr eiddilwch cyndyn;
  Ond hawliodd y brwnt elyn
  Ein Robin hoff erbyn hyn.

CYWYDD COFFA

(i Moss y ci, a hunodd 24 Ionawr 1939,
ac yntau ymhell dros ei gant oed)

Mor anodd a fu boddi
Ffrind addas a gwas o gi;
A rhoi heddiw o'r diwedd
Yr hen 'Foss' druan i fedd;
Rhoi terfyn i'w rawd hirfaith
Wedi oes galed o waith.

Gwas i bawb â'i goesau byw,
Y didwyll, mwy nid ydyw
O'r buarth yn creu bywyd
Ufuddhau o'i fodd o hyd
Wrth gyfarth a hel gwartheg,
Yn llon o'i gynffon i'w geg.

A chi synhwyrol a chall
A diwyd yn llawn deall
I'w erchi at ei orchwyl
Ar ddydd gwaith ac ar ddydd gŵyl;
Ci tip-top am drin popeth
A fu drwy'i fywyd heb feth.

Di-aros oedd yn dirwyn
Draw am y defaid a'r ŵyn;
A'u denu'n ffrind ohonynt
O'r foel yn araf eu hynt,
A'i ran yn y corlannu
Yn troi brad y ddafad ddu.
Hyfryd hefyd y cofio
A galw ei gampau i go';
Enwog oedd a'i droeon gant
Yn rhwym wrth lawer rhamant.

Yn ddistaw dôi rhyw awydd
Arno i fynd ar derfyn dydd
Am dramp yn gyflym ei dro –
Bu garwr heb ei guro!
Peryglus a hysbys oedd
Ym maes yr ysgarmesoedd!
Dôi o'r hynt lawer i dro
Adref ag ôl y brwydro
Ar ei groen dur a graenus
Yn fore iawn ac ar frys,
A'i ran ef oedd llyo'r noeth
Druenus friwiau drannoeth.

Er hyn fe welir heno
Ei frid hyd ffermydd y fro,
Ei liw a'i lun ef ei hunan –
Enwog gŵn teg 'black and tan'.

Unig yw Cilie heno,
Mae'n wag heb ei gwmni o;
Wedi cael cyd-rodio cyd
Nos da, yr hen was diwyd.

MEINWEN

Yn y gân a'i nodau i gyd, yn nawns
    y nos a'r dydd hefyd,
  yma heno 'mhob munud
  mae Meinwen yn wên o hyd.

MAEN HIR

(er cof am Gwynfor Evans)

Ar fryn saif un o'm meini prawf
yn unig a chennog.

Mae'n briod â'r golau ac mae ei wisg
yn llaes, fel cysgodion.

Mae hwn yn un o bileri'r byd,
yn cynnal cylchoedd cerrig y sêr

ar echel amser. Yn ddall
– er yn amlwg – mae'n darlledu gair

yn ronynnau a thonnau
yng nghlymau DNA

moesoldeb. Ac yn clywed cri
o dywyllwch tywodfaen, ymateb o bell

fel mwyeilch yn bloeddio ganol nos,
mwyeilch yn hedfan ganol dydd.

DEILEN WERDD

(er cof am Gareth, dyn ifanc o Fryngwran a fu farw
mewn damwain yn ystod tymor yr hydref, 1997)

Yn sglein
o ddeilen wanwyn
â'r haul yn gloywi ei ieuenctid,
dawnsiai'n fywiog
yn asbri pob awelon,
yn cynnal y pren
gan adlewyrchu pob cynhesrwydd.

Yn ôl y drefn
sychu a wna'r dail
cyn delo'r gaeaf,
a'u harwynebedd crimp
sy'n dylu'r disgyn.

Eleni
yng nghanol tristwch
cwymp y dail,
gwelais ddeilen werdd
na bydd ei sglein
yn pylu byth.

CERDD GOFFA ALUN CILIE

'O hyd i Gwmtudu i grafu'n y gro'
A'i rwto diatal daw'r teid eto,
Ac mae'r gwynt a'r haul yn dal i dreulio
O Garreg yr Enwau'r enwau yno,
A'r morllyn fel ers cyn co'n ei charchar,
Fyth yno'n llafar mae'r Fothe'n llifo.

Ond fry yng Nghilie nid yw'r awenydd
Yn troi'i gaeau wrth grefftwra'i gywydd,
Yn ei wair a'i ŷd mwy nid yw prydydd
Yn lleddfu'r llafur â'i bennill ufudd,
Na'r bardd yn nhymor byrddydd yn cilio
I gael saernïo rhyw glasur newydd.

Ac ar y Suliau nid oes chwedleua
Ar nos y barrug draw yn 'Siberia',
Na glaslanc ifanc i le'r athrofa
Yn dwyn ei linell a'i gân i'w gwella,
Na hwyl y trawiad smala fu'n troi llên
Yn alaw lawen o haleliwia.

Mwy nid yw Alun ym mhen y dalar
A'i bâr ceffylau hyd rynnau'r braenar
Yn gloywi'r arad, na thwr o adar
Yn nhymor troi yno'n wylo'i alar,
Rhoed brenin y werin wâr i orwedd
Yn nhro diddiwedd hen rod y ddaear.

Mae galar yn claearu – yn ei dro
    Gan droi yn hiraethu,
    A hiraeth yn tyneru
    I ail-fyw yr hwyl a fu.

131

Y Cilie a Jac Alun – a dethol
　　Gymdeithas Llewelyn,
　　Y drindod orau i undyn
　　Ei nabod wrth ddod yn ddyn.

Fforwm y bwrlwm lle bu – ei gân bert
　　Gan bawb, ond serch hynny
　　Alun oedd tewyn y tŷ
　　Ar nos Sadwrn seiadu.

Cymêr y strociau mawrion – a thonic
　　Ei chwerthiniad rhadlon
　　Fel diberswâd doriad ton
　　Ar y geiriau'n rhoi'r goron.

Ef yn ei hwyl a ysgafnhâi – ofid
　　Stafell a bryderai,
　　Ac os dros ben llestri'r âi
　　Ef a'i hailddifrifolai.

Yn ei gywair cellweirus – yn adrodd
　　Gwrhydri carlamus
　　Hanes yr hen Jâms a Rhys
　　Â'i drawiadau direidus.

A'r farn nad oedd troi arni – na wadai
　　Yr un iod ohoni,
　　Safai dros ein hachos ni
　　Yn graig, petai'n ei grogi.

Y dydd y gwnaeth Duw brydyddiaeth – a rhoi
　　I ni grefft llenyddiaeth
　　A chalon at farddoniaeth
　　Dim ond un Alun a wnaeth.

Profai, ar feysydd prifwyl,
Set ei het fesur ei hwyl.
A'r galon yn llon neu'n lleddf,
I'w gweled wrth ei goleddf.
Nid drwg os tua'r wegil –
Ganddo fo ceid perlau fil,
Os isel ei gantel gwyn
Yna byr ei babwyryn.

O'r seler dôi slawer dydd
I'n cwrdd ni'r cerddi newydd,
Pan gydrannem y gemau
O'i gof, a'i lygaid ar gau.
Yn benillion brithion braidd –
Rhai blasus Rabelaisaidd –
Ymysg gweddus gywyddau
Llenor balch y Llyn a'r Bae.

Ni châi ofnau angau'i hun
Ar ei ryfyg warafun,
A châi'r rhai yn ward y brys
Berlau'i hiwmor byrlymus.
Sebonai'r nyrsys beunydd
A fflasio'r doctor bob dydd.
Yn ei breim fe fyddai bron
Wedi matryd y metron!

Ble heddiw mae'r llawdde disgybledig,
A'i ddawn o'i faes a ddewinai fiwsig?
Mae llaw agored y tro caredig
A'i fro heb nodded ei gŵr bonheddig?
Ond try'r co' i henro'r Wig – eleni
I'w rych i oedi am ryw ychydig.

TRI DIDDANWR

Gari Williams

Â'r sioe ar ben, er cau'r llenni, di-daw
    yw y dorf, a glywi
   o gwr y llwyfan, Gari,
   sŵn chwerthin dy werin di?

Tich Gwilym

Ar donfedd hen wlad fy nhadau, fe fydd
    Cymru fach a'i chlustiau
   fin hwyr yn dal i fwynhau
   dewiniaeth sain dy dannau.

Freddie Mercury

Ni welai'r dorf mo'r gwelwi, ar lwyfan
    gorlifai dy egni
   yn daen dros d'eiddilwch di
   ar wyneb dy drueni.

RAY

Aeth ffyrdd pob gobaith a ffydd
yn wag a than lifogydd
heb Ray i sirioli'n broydd.

Aeth sgarlad y wlad yn glaf;
aeth bore o hydre' haf
yn gawod wen o'r gaeaf.

Ar faes beirdd, ar faes y bêl – gwan yw'n lliw;
   Maes Gwenllïan dawel
    â'n gwron dros y gorwel.

Y Ray union fu'n trywanu'r llinell;
   Ray yn llawn cyd-ddolur;
   Ray, y dyn dagrau a dur.

Rhoes inni hwyl, dysgodd ni i wylo
a glân oedd ei galon o – doedd ei wên
na thân ei heulwen fyth yn niwlio.

Heno, drannoeth a fory, drennydd,
daw ei awen, ta waeth am dywydd,
â ffordd drwy'r rhew – a chawn o'r newydd
y wlad fwyn sydd i'w gweld o'i fynydd.

Mi wn, pan gwyd emynau – uwch yr arch
   a'r haul ar ein dagrau,
    nad yw'r coed yn medru cau
    ei enaid o'n maes ninnau.

MEWN HEN FYNWENT

Os yw'r fynwent yn ddiarffordd,
    Mae ar lwybr holl blant y plwy:
Dod o hyd-ddi yn y diwedd
    A wna pawb ohonynt hwy.

'Er Cof', ebr ei meini ffyddiog; –
    Druain o'r hen ymffrostwyr gŵyr,
A chynifer enw a blwyddyn
    Eisoes wedi mynd yn llwyr!

Dyna garreg dan y goeden
    Fel pe mewn rhyw ddwfn ddiflastod,
Yn nwys seiet y beddfeini
    Wedi ffaelu cofio'i hadnod.

Ond mae'r 'Groes o gyswllt' acw
    Ar y marmor gwyn gerllaw
Yn dal i swnio ei chytseiniaid
    Er holl dwrw'r gwynt a'r glaw.

Dyrnau angof sydd i ennill;
    Ond mae'r meini noeth o hyd,
Fel hen baffwyr dewr, penfeddw,
    Yn mynnu dal i herio'r byd.

MARWNAD Y PREGETHWR

(allan o'r dilyniant 'Yn y Gwaed' a weithiwyd er cof am fy ewythr,
a fu farw rai dyddiau cyn y Nadolig 2003,
wedi brwydr ddewr yn erbyn clefyd motor niwron)

Rywfodd, er ei ddioddef
diwellhad, deallai ef
mai hon oedd awr fwyaf mud,
fwyaf huawdl ei fywyd;
awr fain o benderfynol
i ymroi heb ddim ar ôl.

Ond er i hyn dorri'i hwyl,
gwenai'n styfnig o annwyl:
roedd dioddef yn ddefod,
roedd Duw'n y boen, roedd Duw'n bod,
ac Aled, â'i gred mor gry',
yn holliach gan anallu.

Yn ei ddim roedd e'n ddameg,
yn byw'r Gair heb air o'i geg
nes roedd, fel 'tasai o raid,
y *logos* yn ei lygaid.

Tystiai, heb godi testun,
gan ddadlau ag angau'i hun:
llai na dyn yn llawn o'i Dad
ac yn wan gan eneiniad.

Ac ef, wrth farw hefyd,
ddwedai ddweud ei Dduw o hyd.

BEDD GELERT

Wylodd, wylodd Llywelyn
hafau yn ôl yn fan hyn:
y gwir oedd dan grud yn gudd
a'i gi'n gelain gan gelwydd.

Yn ei glwyf yr oedd llond gwlad o alar:
    mewn un eiliad,
un eiliad o anfadwaith,
stori drist a roed i'r iaith.

Ond tra dŵr glas yng Nglaslyn
a nes daw'r haf olaf un
i ben, fe fydd stori bert
a galar wrth fedd Gelert.

ER COF

(am Ddafydd Lewis, Gwasg Gomer)

Un â'i holl awch yn nulliau'i waith, – ei Wasg
    Oedd ei nerth a'i afiaith;
  Ei graffter yn ei grefftwaith,
  Llun a lliw llinellau iaith.

Er i'r bedd yrru o'r byd – ei stori,
    A'i ystyriol wynepryd
  Ar y silff erys o hyd
  Law ei foddus gelfyddyd.

PROSSER RHYS

Y mae bwlch mawr ar ei ôl yng Nghymru
    Ac anodd fydd cael neb i lanw ei le;
Ni fydd ei swyddfa mwyach yn seiat
    Llenorion gogledd a de.

Gyrrid y gwaed ifanc drwy ei wythiennau
    Gan guriadau A. E. Housman a Joyce,
Efaill y Cymro o Lyn Eiddwen
    Oedd y llanc penfelyn o Sais.

Cymru a roes i'r Cardi ei foesoldeb,
    Hyhi a'i cododd uwch cythreuldeb rhyw;
Ac anodd yw cerdded un o lwybrau Cymru
    Heb daro rywle yn erbyn Duw.

Llewyrched arno'r goleuni tragywydd,
    A boed iddo iechyd yn y Nef:
Fe welais y llanc penfelyn o Amwythig
    Yn dawnsio yn ei ddicter ar ei feddrod ef.

DAU ENGLYN ER COF

Gwenlyn Parry

Drysu a wnaeth y drysor, a thywyll
    fydd y theatr rhagor
    gyda hyn o gau ei dôr.
    Nage, mae'r llenni'n agor!

Rhydderch Jones

O orfod, o weld terfyn rhy swta
    ar y set i'w dderbyn,
    yn ei siom mae'r teulu syn
    yn llygadu'r llygedyn.

DYLAN THOMAS
(1914-1953)

Mawreddog dros y gorwel i'r gwyll fel llong y'th ollyngwyd
   A'r moroedd tu hwnt i amser amdanat yn ymdonni;
Dy ddeugeinmlwydd aeddfed, ysblennydd tua'r harbwr a
                                    hebryngwyd
   A gwanwyn ac enfys yn chwifio ar dy holl hwylbrenni.
Dy gymysg griw – duwiau, hen ferched, môr-ladron
   A dynion yn rhaffu bywyd wrth yr asgwrn a'i nerfau!
Roedd Angau ar bwyntil dy gwmpawd a'r sêr fel sgwadron
   Yn sbio i lawr ar dymestl dy frawddegau a'th ferfau.
Do, cawsom gip ar dy gargo: dy sidanau a'th emraldau a'th emau;
   A sipian y gwin a feddwodd yn gaib dy awen.
O, aeth bywyd i'th ben, aeth ei wres i'th barabl a'th batrymau;
   Ni sobrir yr iaith byth mwy, ond y mae llên yn llawen.
Ffarwél! Y mae Amser a'r Môr a'r Nos yn aros i ni,
Ond y mae llwybr newydd i'r wybrennau ar draws y lli.

ENGLYNION COFFA DEWI EMRYS

O'r 'Babell' ar wib heibio – tua'r Llan
    Aeth meistr llên ac athro;
    Os cau Emrys y 'Cymro',
    Athen aeth o'i 'Fwthyn' o.

Ei hobi oedd y Babell, – creodd feirdd,
    Carodd fir a phibell;
    Ond aeth y bardd ar daith bell
    Tua'r Llan hwnt i'r 'llinell'.

Taer noddwr llên, teyrn addysg – ac ablaf
    I'w ddisgyblion cymysg;
    Dewi'n pôr, dewin y pysg,
    A'i yrfa'n oes o derfysg.

Teyrn ydoedd, fel tornado – y gyrrodd
    Dros y gorwel heibio;
    Llithrodd y byrbwyll athro
    O'i swil rawd i'w isel ro.

SIÔN RHYS

(a fu farw mewn damwain yn ugain oed yn 1998)

Torrwyd y cawg aur a'r piser wrth y ffynnon
Megis mellten ar lasnef yr eigion
Colli Siôn
Cariad o serch dau'n eu gwynfyd a'i cafodd
Na thristaed calonnau briw nad arhosodd
Erys Siôn.

Erys yn y llaw ar y rhwyfau
Yn y machlud a haul boreau
Ar gyfandir pell o'i gynefin
Yn sŵn chwarae plant Crud y Werin
Ym mara a gwin y sagrafen
A rhialtwch tafarnau llawen
Ar riniog a bwrdd a chadeiriau
Mewn atgof mewn myfyr mewn geiriau.

A bydd Siôn
Yng ngwennol y gwehydd sy'n llunio patrymau ein bod
Yn lliwiau'r edafedd sy'n gwau ein hanfod.
Ynom a thrwom a throsom
Bydd Siôn.

ANGLADD

Chest ti ddim arwyl
un parchus cefn-gwlad,
dim ond dy daflu'n fflwcsyn
i boethder fflamau
megis papur newydd ddoe –
heddiw'n ddiwerth;
dy arch oedd bag plastig;
fel y 'lasog a dryloywa
o berfedd ffowlyn.
'Chanodd neb emyn
na hulio gweddi –
'chest ti mo'th ganmol,
na'th gofleidio –
ond yn nwrn y doctor du.

Minnau fatraf gân,
i'r angladd unigol,
ger tramwyfa prysur salwch,
uwch goleuadau treisiol ysbyty:
mynegaf ddwyster y myfyr olaf,
cyn gadael dy farwnad i fynd.